概説経済学

大淵三洋・芹澤高斉

編著

伊藤潤平

小林和馬

山根啓太

川戸秀昭

小田正規

日隈信夫

八千代出版

はしがき

　経済学は役に立つか、それとも役に立たないか、という問いに対しては、役に立つとも、役に立たないとも、すぐに答えることはできない。しかし、こうした問題はしばしば問われている。特に、新しく経済学を学ぼうと考える人々にとっては、必ずしも黙って通り過ぎることのできない問題であろう。

　通説として、経済学の黎明は、スミス（Smith, A.）の著した『諸国民の富』とされている。人類の長い歴史から考えると、「学」としての経済学の歴史は、他の学問と比較しても、必ずしも長いものでない。近世まで遡れば事足りる学問である。

　経済学は、初期的段階において、現実の経済現象とそれほど乖離したものではなかったが、現代においては、過去と比較にならないほど複雑なものとなってきている。経済現象は、社会の進展とともに大きく変貌してきた。そして、日に日に錯綜する国際関係によって、一層その程度が加わってきている。しかも、それらの現象が、われわれの生活と直接つながっている。その結果、寸刻もこれを見逃すことができない。このように変化きわまりない経済現象に対処する場合、そこには当然、正確でしかも豊かな経済学の基礎知識が必要である。

　『概説経済学』と題する本書は、経済学に関する知識をほとんど有していない読者に、経済学の基礎となる概念、理論および歴史などをできる限り、平易かつ簡明に記述するよう努力している。すなわち、経済学の用語のみにこだわらず、経済学における考え方を説明しようと試みた。しかし、必要最低限度の経済用語に関しては、正確な理解ができるように、十分配慮したつもりである。経済学の初学者にとっては、本書は必ずしも易しいとはいえないかもしれない。しかし、一度この書物を読んでいただければ、各執筆者の熱意は、読者の不安を一掃して、経済学への自信を強めることになるであろう。その期待をもって、本書を読むことを薦める。

　経済学は、しばしば数理経済学と同じものだと考えられている。そして、

数学を苦手とする人々は、そのことだけで、経済学は難しいという気持ちになってしまう。しかしながら、経済学は、本来、数学ではない。数学は、経済現象を解明する有力な手段の一つに過ぎない。重ねて強調しておくが、本書は、これから経済学を志す初学者や、何らかのきっかけで経済学を少しは知っておこうとする方々に、ぜひとも読んでいただきたいというのが、編著者の念願である。

　大淵三洋と芹澤高斉は、1998年から1999年まで、イギリスのロンドン大学政治経済学院（LSE：The London School of Economics and Political Science）に招聘されていたときからの研究仲間で友人でもある。伊藤潤平氏は芹澤の後輩であり、川戸秀昭氏および小田正規氏は、大淵の日本大学三島キャンパスの同僚である。また、日隈信夫氏は、大淵の大学時代における中山靖夫ゼミナールの後輩であり、小林和馬氏および山根啓太氏は、日隈氏の同僚である。本書は、こうした研究者が、それぞれの専門研究分野を担当して執筆したものである。執筆者諸氏は、編者の意向を汲み取って、厚い協力を惜しまれなかった。諸氏がそれぞれの個性を生かしながら、全体としては、前述の目的を十分達成することができたと考えている。身辺多忙にもかかわらず、執筆を承諾してくれた諸氏に、深い感謝の気持ちを捧げたい。また、読者からの忌憚のないご批判を得て、向後、本書をより充実した内容に練り上げていきたいと考えている。

　最後となったが、拙いこの書の出版に当たり、八千代出版の森口恵美子社長および編集を担当された井上貴文氏に、絶大なご支援およびご厚情を頂戴し、心より厚く謝意を表する次第である。

　2023年4月　執筆者を代表して

大淵三洋・芹澤高斉

目　　次

第 1 章

経済学への誘い

　読者の皆さんは、「急がば、回れ」（ゆっくり行けば、かえって早く着くことができる）という諺を聞いたことがあると思う。経済学を学ぶ場合も性急に考えず、まず経済の概念を押さえることが、きわめて重要である。本章は、第2章から始まる本論の枕と考えるべきであろう。

第1節　経済学の成立と経済用語

1　経済学を学ぶ意義

　「人間はなぜ働くのだろうか？」、その答えは明白である。生きるためである。それでは、生きるためには何が必要であろうか。経済の初期的段階は、自給自足の経済社会であった。すなわち、生活を維持するために必要なもの（生活資料）は、自分で作らざるを得なかった。しかし、現代社会は、交換の経済社会である。特に、貨幣を仲介として交換がなされるので、**貨幣経済**と呼ばれる。そのため、貨幣を排除して、生きることは考えられないであろう。その意味では、人間が働く理由は、貨幣を獲得するためといってもよいであろう。経済学の観点から考察するならば、人間が生活するうえで必要なものは、貨幣さえあれば何でも買うことが可能である。人間は、生まれながらにして、財産も地位も平等ではない。唯一、平等に与えられているとされる「時間」でさえも、例外ではないとする説も存在する。たとえば、東京から大阪に旅をする場合、新幹線で移動するならば、時間を短縮することはできるが、支払う運賃は在来線の2倍以上になるであろう。これは、時間を貨幣で買ったといえないだろうか？　このように考えれば、時間でさえも貨幣で

購入可能となる。ここに、経済学を学ぶ意義が存在するといえよう。

2　経済および経済学の語源

　経済学とは、経済を学ぶ学問である。では、経済とは何であろうか。最も簡単な説明は、「人間の生産と消費に関する経済行為の集合体」である。**経済行為**の集合体は、**経済現象**と置き換えることが可能である。その基礎となる人間の経済行為の規範として**経済原則**がある。簡単に説明するならば、「最小努力による最大効果」の原則といってよいであろう。国内部門に限定するならば、経済行為を営む**経済主体**として、消費主体である家計（household）、生産主体である企業（enterprise）、財政主体である政府（government）が存在する。各経済主体は、経済原則に従って、経済行為を営んでいるといってよいであろう。この 3 主体が国民経済という総合経済の「場」において、経済現象を構成しているのである。

　さて、はしがきで述べたごとく、一般に経済思想的なものを除いて考えるならば、経済学の誕生は、1776年の**スミス**（Smith, A.）の『諸国民の富の性質および諸原因に関する一研究』（*An Inquiry into the Nature and Causes of the Wealth of Nations,* 『**諸国民の富**』）とされている。経済学の創始者とされるスミスは、この著作の第 1 編第 1 章から第 3 章において、生産性を向上させるためには、分業が重要である、と記述している。ただし、スミスの考えていた**分業**は、社会的分業ではなく、職場内分業であった。すなわち、ミクロの第 2 次産業を中心に考えていたのである。マクロで考えると社会的分業も考慮する必要性があろう。そして、分業は協業と密接な関係を保有している。簡単に表現するならば、労働力の効率化のために、分業によって作業工程を分割し、協業の結果として、より生産性を高めるということである。社会は、**ペティ＝クラークの法則**（Law of Petty = Clark）により、農林水産業の第 1 次産業中心から、製造業、建設業や工業等の第 2 次産業中心、サービス業の第 3 次産業中心へと移行してきたといえる。しかし、分業と協業は、第 3 次産業中心の現在においても、応用することができるであろう。たとえば、営業担当、会計担当および管財担当などの作業工程の区分が可能である。

　経済学がスミスから発展して以来、久しい間、イギリスでは「political economy」、ドイツでは「politisch ökonomie」、そしてフランスでは「économie politique」とされてきた。現在使用されている経済という言葉は、このeconomyの訳語である。本来、economyとpolitisch ökonomieは、ラテン語のoeconomiaに由来し、oeconomiaはまたギリシャ語のoikosのラテン化したoecoとnomosのラテン化したnomiaの2語からできている。ギリシャ語のoikosは英語でいうならばhouse、すなわち「家」という意味をもっている。一方、nomosは英語の to manageを意味する。この不定詞の名詞的用法によるならば、「維持すること」となる。すなわち、oikosnomosで、「家を維持すること」という意味になる。

　日本語の「経済」の場合は、どうであろうか。わが国における経済は、通常、中国の隋・唐の時代に用いられた古典**『抱朴子』**の「経世済民」という四文字熟語を訳したものとされる。本来は、世を治め、民を救うことを意味する。また、わが国において、経済の言葉を使用したのは、1729（享保14）年、太宰春台の江戸時代の著作**『経済録』**が最初とされている。しかし、その内容は、天文および地理から始まり、武備、法令および刑罰など広汎なものであった。すなわち、政治の方法を説いた著作であった。このように考えると、前述のギリシャ語の語源である「家を維持すること」とは、大きくかけ離れたものとなってしまう。社会あるいは政府という経済主体が誕生した時代、換言すれば、経済がある程度発展した段階での解釈ということができる。

　しかしながら、現代においては、経済という用語は、政治と不可分なものといえよう。読者の皆さんの中にも、中学や高校時代に「政治・経済」という科目を学ばれている人は多いであろう。「・」は、両者は独立しているが、密接な関係であることを意味している。また、スミス以来、英語では、経済は単に、economyとは解釈されず、political economyという言葉が使用されている。すなわち、経済は政治と不可分な関係を保有するとされ、「・」が除かれた「政治経済」と解釈されている。また、1879年、経済学中興の祖と仰がれる**マーシャル**（Marshall, A.）が、夫人とともに書いた『産業経済学』（*Economics of Industry*）を出版し、1890年には代表的著作である『経済学原理』

（*Principles of Economics*）、1892年には『経済学入門』（*Elements of Economics*）を公刊した。それ以後、経済学はeconomics、経済はeconomyとして表記されるようになったのである。

第2節　経済学の概念規定

1　経済学の学術的定義

　経済学は、**社会科学**である。社会科学は、自然科学と異なり、答えは、必ずしも一つではない。経済学の学術的定義も同じく多様であるが、現在、主流となっているのは、稀少性の定義である。

　その稀少性の定義は、どのようなものであろうか。**サミュエルソン**（Samuelson, P. A.）は、その著作『経済学』（*Economics*）の中で、次のように記述している。すなわち、「経済学とは、人々の間の交換取引を伴う活動の研究である。経済学とは、人々が乏しいまたは限られた生産資源を利用し、様々な商品を生産して、それらを社会の種々の構成員の間に、消費のために配分するかにあたり、どのような選択をするかについての研究である」としている。この定義の注目すべき箇所は、**生産資源**に対する記述部である。すなわち、人間の欲望は無限である。しかし、それを充足する財（有形財と無形財）は有限でしかない。そして、財を生産するには、一定の生産資源が必要とされる。その生産資源は稀少なものでしかない。経済学は、稀少な生産資源を、いかに配分するかを問題として取り扱うという解釈である。すなわち、サミュエルソンの稀少性の定義における経済学の目的は、**資源配分**をどのように使用するかにある。そして、資源には、物的な資源と人的な資源（労働力）を含み、その配分は、現在時点だけでなく、将来との関係をも考慮しなければならない。

　以上の定義は、読者にとって難し過ぎるかもしれない。そこで、日本の代表的経済学者である千種義人の経済学の定義を記しておこう。彼は『経済学入門』の中で、「経済学とは、経済現象を観察し、そこから法則性を明らか

にし、それを実践目的に応用する学問である」としている。これは、経済学が、過去の経済現象を時系列的に並べた経済史、経済現象の中から法則性を見い出す経済理論、それを実践目的に応用する経済政策の3領域から成り立っていることを意味している。

2　ミクロ経済学とマクロ経済学

　次に、経済学の分類方法に関して説明しておこう。経済現象をどのように分析するかによって、**ミクロ経済学（微視的経済学）**と**マクロ経済学（巨視的経済学）**の区分が可能である。本書では、主として、第2〜4章がミクロ経済学的考察であり、他の章がマクロ経済学的考察を採用している。それでは、ミクロ経済学とマクロ経済学の違いは何であろうか。

　ミクロ経済学とは、ギリシャ語のμικρόςを語源とし、英語で表現するならば、smallを意味している。すなわち、**国民経済**という「場」を構成する細胞である家計、企業、政府の3主体の経済活動を、個々に顕微鏡で観察するように経済学を展開していく。すなわち、最初に、消費主体である家計を分析して、需要曲線を導出する。次に生産主体である企業を分析して、供給曲線を導出する。そして、両曲線により、市場分析を試みる。ここまでが民間経済部門である。最後に、財政主体である政府の分析を行う。これが公共経済部門である。両者によって、国内経済部門の分析が可能になるであろう。

　他方、マクロ経済学とは、ギリシャ語のmakrosに由来し、英語で表現するならば、largeを意味する。すなわち、ミクロ経済学のように、顕微鏡を使用して、細胞を覗き込むのではなく、各経済主体の総体である**総合経済**を、遠くから望遠鏡で眺めるように、それ自体を直接分析していく。具体的にいうならば、国民所得や物価などを取り扱う。

　しかし、ミクロ経済学とマクロ経済学は、どちらも非常に重要であるといえよう。なぜならば、ミクロ経済学を学んで、マクロ経済学を学ばなければ、木を観ているだけで、その木の集合体が林なのか、森なのかわからない。逆に、マクロ経済学を学んで、ミクロ経済学を学ばなければ、林や森を観ているだけで、その構成物が何であるのかを理解できないであろう。

　本書では、ミクロ経済学的手法から経済現象を把握し、マクロ経済学的手法へと読者を導くように、章が構成されている。そして、最後の第11章で、現在に至る、経済学の歴史をたどることにする。

3　経済の発展段階

　経済の最も原始的な形は、自給自足の経済であった。イギリスの浪漫派の小説家である**デフォー**(Defoe, D.) が、1719年に著述した『ロビンソン・クルーソーの生涯と奇しくも驚くべき冒険』(*The Life and Strange Surprising Adventures of Robinson Crusoe*) でいう「**ロビンソン・クルーソーの経済**」である。無人島に漂流したクルーソーは、衣食住を自分一人で行わねばならなかった。この段階では、消費と生産は直結していたといえよう。換言するならば、クルーソーは消費するものを自己で生産せざるを得ず、また、自己の生産の範囲内でしか消費できなかった。これは、「generalist」を前提としているからである。しかし、こうした自給自足の経済には、おのずと限界がある。その理由は、人間の生産能力の熟練度は有限であり、生活に必要なものをすべて自分だけで賄うことがきわめて困難だからである。

　次に、経済の段階は、交換経済へと移行していった。交換経済においては、人は「specialist」であることを前提としている。人間は、一つの職業に就き生産を行う。そして、その生産物を自分の生活に必要なものと交換する。これを社会的分業という。交換経済に関して、前期歴史学派の**ヒルデブラント** (Hildebrand, B.) は、1864年、「実物経済、貨幣経済および信用経済」("Naturalwirtschaft, Geldwirtschaft und Kreditwirtschaft") という論文を残している。これは、ヒルデブラントの**経済発展段階説**を基礎としている。第1段階は、実物経済の段階である。換言するならば、供給者と需要者の間に、貨幣が介在しない物々交換の段階である。しかし、この段階は長続きすることがなかった。その理由は、物々交換には**欲望の二重の一致**が必要とされ、それがきわめて困難であったからである。

　第2段階の貨幣経済は、供給者と需要者の間に貨幣が介在し、交換活動を円滑にした段階である。この段階では、貨幣は**一般的交換手段**として機能す

ることになる。この段階の理解を容易にするために、図1-1を参照していただきたい。

　生産の3要素には、労働力、土地および資本がある。しかし、労働力以外は、必ずしも誰もが保有するものではない。それゆえ、図1-1では、**生産要素**を労働力によって代表させている。

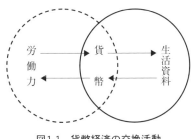

図1-1　貨幣経済の交換活動

この図においては、破線で描いた円と実線で描いた円の2つが存在している。貯蓄への流れは、割愛することにした。

　前者の破線で描いた円は、生産活動へ投下された労働力と貨幣の交換を意味している。しかし、必ずしもすべての人が行っているとはいえないであろう。たとえば、親からの仕送りや奨学金などによって、貨幣を獲得している学生諸氏もいるであろう。現在では、**NEET**（Not in Education, Employment or Training）と呼ばれる者さえ存在している。学校にも通わず、働きもせず、職業訓練も受けずに、両親および祖父母の援助により、貨幣を獲得する者すら存在しているのである。しかし、社会人になれば、多くの人間は、企業の生産活動に労働力を提供し、その対価として、時給、日給あるいは月給と呼ばれる貨幣を獲得しているといってよいだろう。

　後者の実線で描いた円は、獲得した貨幣と交換に生活資料を手に入れることを意味している。ここでいう生活資料とは、生活を維持するためのものと考えていただきたい。形のあるもの（有形財）もあれば、形のないもの（無形財）も存在する。形のないものの中心は、サービスなどである。たとえば、学校の教員が生徒に提供しているのは、教育サービスであり、医者が患者に提供しているのは、医療サービスである。そのほかにも、金融サービス、輸送サービスや情報サービスなどが存在する。その意味で、現在は「物からサービスへ」の時代への移行と考えてよいであろう。

　さらに、第3の段階は、特殊な貨幣が交換の媒介物として使用される段階である。特殊な貨幣とは、**信用貨幣**である。代表的な信用貨幣として、普通

預金を基礎とするプラスチック・マネーなどがあげられる。

　さて、図1-1においては、経済学の基本である個別的報償関係（give and take theory）、いいかえるならば、交換原則が機能している。すなわち、労働力の提供に対して貨幣が支払われ、最終的目的である生活資料を獲得するために、貨幣が使用されるのである。簡単にいうならば、人間は、商品の一つである自分の労働力を企業に売り、獲得した貨幣を使用して生活に必要なものを買うのである。経済学においては、自分の労働力も一つの商品といえる。

4　経済循環

　経済現象は、常に循環を繰り返している。このことを**経済循環**と呼ぶ。本項では、経済循環に関して、図1-2を使用しながら、若干詳細に考察することにしよう。経済現象を構成している個々の経済主体を個別経済という。個別経済は、企業と家計とに大別することが可能である。企業は生産要素を結合して、生産を営むものであり、家計は資本、土地および労働力の所有者であると同時に、消費者でもある。注意すべきことは、農家や小売商などの個人事業主は、企業であると同時に家計でもあるという点である。

　生産主体である企業は、生産のために必要とされる**貨幣資本**を借り入れる。ただし、企業が、**自己資本**を蓄積している場合も存在する。また、企業は金

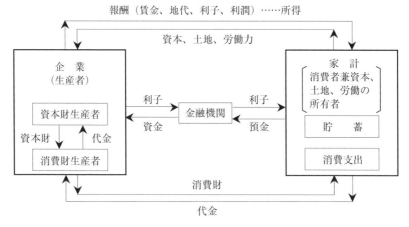

図 1-2　経 済 循 環

融機関からも貨幣資本を借り入れる。企業はこの貨幣資本を利用して、生産要素を購入する。すなわち、土地、労働力および**資本財**（機械や原材料）を購入する。企業自体、土地を所有していることもあるが、家計から借り入れることもある。特に、労働力は家計から調達されるといってよい。資本財は、それを生産する他の企業から購入される。企業には消費財を生産するものと、消費財の生産に用いられる資本財を生産するものとが存在している。そこで、消費財を生産する企業は、生産に必要な資本財を資本財生産企業から、購入するか借り入れることになる。資本財生産企業も、生産を行うためには、土地、労働力および各種の資本財が必要である。

　次に、貨幣資本を企業に提供した家計は、その対価として利子または配当を受け取る。さらに地主は地代を、労働者は賃金を受け取る。家計は、これらの所得で消費財生産者から、**消費財**を購入する。消費財には、パンや紙のように1回の使用により消耗してしまう消耗財と、家屋、自動車、テレビなどのように長期にわたり連続使用可能な耐久財が存在する。消費財生産者は、消費財の売上代金から、家計に利子、地代および賃金を支払い、資本財生産者に資本財の代金またはその使用料を支払う。売上代金からこれらの諸費用を差し引いたものが、企業の利潤である。利潤の一部は配当として資本家の所得となり、ほかは企業内部に貯えられる。資本財生産者は、その生産物を消費財生産者に売り、その売上代金から、利子、地代、賃金および各種費用を支払い、残りを企業利潤とする。もし、消費財生産者と資本財生産者が利潤を企業内部に貯えないで、すべて家計に分配し、家計がその所得のすべてを消費してしまった場合、次期の生産規模は今期と同じである。この場合を**単純再生産**と呼んでいる。

　また、利潤の一部が企業内部に貯えられ、家計に分配された利潤の一部が貯蓄され、利子、賃金、地代などを受け取った家計もまたその所得の一部を貯蓄したとしよう。これらの貯蓄が生産に追加資本として利用されるならば、生産規模は拡大する。これを**拡大再生産**と呼ぶ。

　家計が所得の中で消費しなかった残りの部分は、貯蓄を構成する。この貯蓄は企業の社債や株式に充当されることもあり、金融機関に預金されて、金

融機関を通じて企業によって利用されることもある。資金がその供給者から
需要者へ、貸借という形式で移動する現象を金融という。

　上述のように、民間経済部門を中心にして、単純に説明するならば、図
1-2のように示すことができる。実際には、企業と家計の間に政府の財政
が介在している。さらに、生産物は輸出されたり、輸入されたりしているの
で、もっと複雑なものとなる。政府は企業と同様に家計から労働力やその他
の生産要素を購入し、また家計と同じく企業から生産物を購入する。加えて、
民間から租税を徴収したり、公債を発行して資金を調達し、これを支出して
公共財・サービスを提供するのである。

第3節　社会科学と経済学

1　科学としての経済学

　科学には、人文科学、自然科学および社会科学が存在する。経済学は、社
会科学の一つである。社会科学は、人間の行動を数値化して考えるといって
もよいであろう。たとえば、物価、国内総生産、失業率などがあげられる。
しかし、科学は人間に関するあらゆる問題を解明することはできない。経済
学によって解明できるのは、人間の行動の限られた一部分でしかない。この
ことは、否定できない事実であろう。

　経済学は、人間の**社会的行為**の中で、経済行為のみを分析研究するもので
ある。社会的行為には、ほかに法律行為、政治行為、倫理行為、宗教行為お
よび芸術行為などが存在している。経済学は人間の社会的行為の中で、経済
的側面を観察する社会科学といえよう。

2　経済学の3部門

　本書で取り扱う経済学の研究領域は、3部門に大別することが可能と思わ
れる。

　まず第1に、**経済史**がある。経済史は、過去の生産、分配および消費とい

う経済現象を時系列にとらえ、個別的、具体的に観察する研究領域である。さらに、農業経済史、商業経済史、工業経済史などの細分化が可能と考えられよう。

第2に、**経済理論**がある。経済理論は、経済史によって分析された個々の経済現象の間に存在する因果関係や必然的関係を明らかにして、そこから何らかの法則性を見い出す研究領域である。一般的に、ミクロ経済学理論とマクロ経済学理論との2つに分けることが可能であろう。主として、両者は1870年代に生じた**限界革命**（marginal revolution）を契機として、その区分が生まれたとされている。ミクロ経済学理論は、家計の消費活動、企業の生産活動を分析した後に、価格を中心とした市場分析を行う。他方、マクロ経済学理論は、その総体である物価問題、失業問題などを取り扱う。

第3に、**経済政策**がある。経済政策は、経済理論によって発見された法則を現実の政策に応用する研究領域である。代表的なものとして、金融政策と財政政策が存在する。

以上の経済学の3部門は、それぞれ独自の性格を保有しているが、相互に密接な関連性をも保有していると考えられる。

経済史と経済理論は、両者とも「存在」に関する研究領域である。それらの研究に、主観的な価値判断を加えることは禁物である。すなわち、あるがままに経済現象を観察することが重要である。それにより、初めて実際の経済政策に役立つ法則性を見い出すことができるのである。主観的価値判断を加えた研究によって、客観的法則を認識することは困難である。

また、経済史、経済理論および経済政策は、相互に関連し合っている。経済史は個別的で具体的な研究領域であるが、過去の経済現象をただ単に時系列に並べればよいものではなく、経済理論に補完され一定の原理によって、整理および統合されねばならないといえよう。一方、経済理論は、その性質上、一般的、抽象的なものであるが、それは現実性を保有していなければならない。そのためには、経済史によって得られた個別的、具体的知識を基礎として理論を構築しなければならないのである。さらに、経済政策は、一定の規範や理想を追求し、その実現のために、経済史と経済理論の知識は不可

欠ということができるであろう。

第4節　資本主義の変遷

1　資本主義の起源と特徴

　資本主義は、18世紀の中頃以降、イギリスにおいて発達し、ヨーロッパ大陸およびアメリカ大陸へと波及し、日本においては、19世紀末に成立したと考えられている。近代二元論の立場を取るならば、資本主義と**社会主義**は、厳密に区分することが可能である。なお、新聞などで使用される共産主義は、しばしば社会主義と混同されている。ある種、**共産主義はモア**（More, T.）が、**ユートピア**（utopia）と呼んだ現実には存在しない理想郷であるのかもしれない。実際、読者はユートピアを辞書で引いてみると、理想的共産主義国家というほかに、現実には存在しない国家という皮肉を込めた記述があるのを見い出すことができるであろう。

　一般に、資本主義の特徴は、次のように考えてよいであろう。

　第1に、**私有財産制度**の下で営まれているということである。消費財を個人で所有することが認められているだけでなく、それらの財を生産するために必要な物的生産手段さえも私有することが許されている。

　第2に、**市場経済体制**をあげることができる。あらゆる財は、市場における需要と供給によって価格が決定される。そして、原則として、政府は市場に介入しない。

　第3に、**企業の利潤追求**があげられる。企業は利潤を追求して、生産活動を行うのである。

　第4に、**階級的対立**の存在があげられる。資本主義においては、生産活動に対する主権を掌握しているのは、資本家階級である。資本家は、生産に必要な機械や原材料を購入し、労働者を雇って生産活動を行う。労働者はそれらを保有することはなく、資本家に依存して生活を維持している。この両者は対立関係にあるといえよう。

　しかし、資本主義を一言で表現するならば、「必要に応じて労働し、能力に応じた報酬を得る社会」と表現してもよいであろう。すなわち、生活の必要性から働き、能力に応じた賃金を獲得するという社会である。これは、社会主義が「能力に応じて労働し、必要に応じた報酬を得る社会」であるのと比較すると、その特徴は大きく異なっている。一種の能力主義を基調とした社会といってもよいであろう。当然のことではあるが、能力のない人々は、生活を維持するうえで必要とする収入を、獲得することができないことになる。

　マルクス（Marx, K.）の考えた経済発展段階説によれば、資本主義は、内部矛盾により、社会主義を通過点として共産主義へと移行する。しかし、**ティンバーゲン**（Tinbergen, J.）の**体制収斂論**では、単純に、二元論的に資本主義と社会主義に区分はできない。

2　修正資本主義

　本来、資本主義は、私有財産制度を基礎として、各人が市場で自由な交換活動を行い、利潤を追求して生産をする社会体制である。しかし、資本主義が発達していくに従って、このような社会体制に変化が惹起されるようになった。すなわち、資本主義は、修正を余儀なくされたのである。このような資本主義を修正資本主義と呼んでいる。

　第1に、現在の資本主義も、私有財産制度を基調とした民間部門が、経済活動の中心となっているが、国内総生産に占める政府部門の割合は、増加の一途をたどっている。特に、先進国においては、福祉国家現象と相まって、その増加の速度は、きわめて顕著なものといわざるを得ない。資本主義は、スミス以来、**安価な政府**（cheap government）、**小さな政府**（small government）、あるいは**夜警国家**（night-watchman state）と呼ばれた時代から、**高価な政府**（expensive government）、または**福祉国家**（welfare state）へと変わってきた。

　第2に、原則として、資本主義は、市場経済の形態で営まれる。しかし、近年、社会主義の特徴の一つである計画経済的要素が導入される傾向が強まっている。市場経済は、資源配分の最適化という観点から考えるならば望

ましいものであろうが、このために所得格差の拡大が生じたり、好況と不況の波が周期的に起きたり、失業の存在を否定することはできない。また、公害による環境汚染などが問題視されるようになってきた。こうした現象は、市場経済を維持するだけでは、回避できない事柄であろう。それゆえ、資本主義国家は、中期および長期の経済計画を策定しなければならなくなってきている。そして、その経済計画に沿って国民経済を運営し、前述の資本主義の欠点を克服する努力を重ねている。たとえば、所得の大なる者に対して高い税率を適用し、所得の小なる者に低い税率を課するという**累進課税制度**を採用したり、後者に対して手厚い社会保障を与えることにより、**垂直的公平性**の実現を試みている。いいかえるならば、所得再分配政策の採用といえよう。一般に、このような政策が重きをなす国を、福祉国家と呼んでいる。

　第3に、資本主義国では、利潤の最大化のために、企業は商品の生産を行っているが、利潤の無制限な追求は、社会的に許容されなくなってきた。国民の保健衛生に有害な商品が認可されることはなくなった。さらに、商品の誇大広告が禁止されるなど、生産活動への様々な制限が顕著なものとなってきている。企業が設備を拡大して、より多くの利潤を獲得しようとしても、政府は国民経済の観点から、それを許可しないこともある。また、企業も最大の利潤追求よりも、企業の安定や社会的責任を重視する傾向が強まっている。加えて、企業が独占により価格を引き上げようと試みても、政府はそれを許さない立場を採るようになってきた。このように、企業は商品の生産を行うことは変わりないが、生産自体に様々な制限が加えられるのが、現代社会の実情といえよう。

　第4に、労働者の社会的地位の改善をあげることができよう。政府が政治的、経済的な労働者の保護政策を採用するようになってきている。過去において、社会主義者たちは、労働者は資本家に比べて相対的に窮乏化するのみならず、絶対的にも窮乏化する傾向があると主張してきた。しかし、近年の資本主義国では、そのような傾向はきわめて小さいものとなっている。労働者は、**ホワイト・カラー**（頭脳労働者）と**ブルー・カラー**（肉体労働者）とに細分化され、さらには、ホワイト・カラーの中から、企業経営に参画する者さ

えも現れ、中産階級も出現するようになった。労働者と資本家の二分化は、大きく崩れている。

　以上のように、資本主義は変貌してきた。しかし、それに伴い新しい問題も生じるようになってきた。すなわち、国有企業の非効率性、国家による様々な規制の増大、社会保障費の増大および増税による国民の労働意欲の減退、貯蓄率や投資意欲の低下、経済成長率の鈍化などが、今日の課題として浮上してきたのである。

　現代の経済情勢において、**市場経済**への政府の介入が、必ずしも望ましいものとは解釈されないようになってきた。すなわち、資本主義を政府の経済活動によって修正するという**修正資本主義**は、かえって逆効果を露呈するようになってきたのである。**政府の失敗**が、その具体的例としてあげられよう。政府は、しばしば特定の利益団体の圧力を甘受し、国民に人気のある政策しか採用しない場合がある。**ポピュリズム**（populism）の擡頭も脅威の一つとしてあげられよう。現在、資本主義も「不易流行」を余儀なくされてきている、ということが思惟される。

3　近代二元論の限界と現代「場」の理論

　われわれは、ここまで、資本主義を中心に経済活動を考察してきた。確かに、現代社会において、資本主義は、社会主義よりも優位な立場にあることは、否定できない事実であろう。しかし、このようにものごとを二分化して考えることには、無理があるのではなかろうか。近代においては、**二元論**が採用されてきた。あたかも、白と黒、保守と革新などが、はっきりと二分化されると考えてきたのである。しかし、現実に存在するのは、白と黒ではなく、灰色に過ぎないのではなかろうか。すなわち、白に近い灰色と黒に近い灰色に過ぎない。保守と革新に関しても、中道が存在する。

　資本主義と社会主義も明確に二分化することは不可能であろう。近代二元論では、資本主義と社会主義の2つが存在し、相対立するかのように論じられたわけである。読者は、図1-3を参照されたい。この図を使用して、筆者の考える資本主義と社会主義の関係を説明したいと思う。

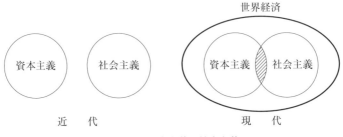

図1-3　資本主義と社会主義

　図1-3の左に位置する図から理解できるように、近代二元論では、資本主義と社会主義が独立して存在するように考えられてきた。しかし、現代の**「場」の理論**においては、両者は、世界経済という「場」の中に存在している。しかも、互いに影響を受けているといえよう。図1-3の右に位置する図からも理解できると考えられるが、現代において、存在する社会体制は、単純に資本主義と社会主義に二分化できるものではないであろう。資本主義を基調として社会主義的要素を組み入れているものと、社会主義を基調として資本主義的要素を組み入れている体制が存在していると考えられる。特に、1989年に東西ベルリンの壁が取り除かれ、1991年のソビエト連邦の崩壊により、社会主義は力を失いつつあり、資本主義的要素を導入しつつある。

　現在、資本主義と社会主義は、重複部分が拡大しているといってよい。もしかしたならば、**ナショナリズム**（nationalism）の擡頭がなければ、ティンバーゲンの体制収斂論すら、夢の世界ではないのかもしれない。

コラム：実学としての経済学を学ぶ意義

　学問の区分の一つとして、「実学」と「虚学」がある。実学とは、人間が実生活を営むために必要不可欠な学問である。代表的なものに、法学、政治学が存在する。もし法学の知識がなければ、犯罪を犯すかもしれないし、政治学の知識を保有しなければ、選挙において誰に投票してよいかもわからないであろう。経済学もこの実学の範疇に入る。現在の貨幣経済では、人間の生産と消費、簡単に説明するならば、家計は企業の生産に必要とされる生産要素を提供し、その対価として獲得した貨幣で様々な生活に必要な財を買う。この知識は、きわめて重要である。猿と人間の区分は、人類学では、火、道具および言葉を使用するか否かであるが、経済学では、貨幣を使用するか否かである。新聞を読まれる人はすぐ気がつくであろうが、最初の数面は、政治経済面である。このことからも、経済学を学ぶ意義はきわめて重要である。以上のように、実学としての経済学を学ぶ必要性と意義が存在するのである。

　後者の虚学は、人間が生きていくために、必ずしも必要不可欠なものではない。代表的なものとして、芸術関係の学問が存在する。確かに、美術関係の学問を習得しなくても、社会生活は営めるだろう。しかし、私たちの生活に、音楽や絵画に関する知識がなければ、何と虚しい無機質な生活となるであろう。実学と虚学は、相互に補い合っている。人間の生活は、実学だけでは成り立たないし、虚学だけでも成立しない。両者が必要不可欠であろう。

○引用・参考文献

飯田経夫『経済学誕生』筑摩書房、1991年。

飯田幸裕・岩田幸訓『入門経済学』創成社、2014年。

伊藤元重『入門経済学』日本評論社、2015年。

大淵三洋・芹澤高斉共編『基本経済学』八千代出版、2018年。

奥野正寛『経済学入門』日本評論社、2017年。

嘉治元郎『経済学入門』放送大学教育振興会、1992年。

酒井泰弘『はじめての経済学』有斐閣、1996年。

高橋知也・鈴木久美『超入門経済学』ミネルヴァ書房、2014年。

中矢俊博・上口晃『入門書を読む前の経済学入門』同文舘、2017年。

山田博文『99％のための経済学入門』大月書店、2016年。

第 2 章

消費者選択と需要曲線

　人々は財・サービスの**消費**によって自分のニーズや欲求を満たすことができる。たとえば暑い日にのどが渇いたら、あるときはコンビニエンスストアで冷たいコーラを買いたいと思うかもしれないし、自宅の冷蔵庫に冷やしてあるビールを飲みたいと思うかもしれない。またあるときはカフェに立ち寄り、アイスコーヒーとともにくつろぎの時間や友人との会話を楽しみたいと考えるかもしれない。コーラやビールを飲んだり、カフェに立ち寄ったりといった財・サービスの消費による欲求の実現は、のどの渇きという個人のニーズを解消することとなる。

　ただし、人々は自分の欲求のすべてを満たすことはできない。コーラの消費を通じて渇きが癒された個人は、ビールによって渇きを癒すという欲求を同時に満たすことはない。またカフェで過ごす時間が長ければ長いほど、他の欲求を実現させるための時間を減少させることになる。そこで、すべての欲求を実現できない人々は、できるだけ自分にとって望ましい欲求が実現される財・サービスを優先的に消費することで、自身が得られる**効用**の水準（満足度）を高くしようとする。

　人々は、できるだけ高い効用水準を得るためにどのような財・サービスを消費するかという判断を普段の生活の中で当然のように行っているが、こうした意思決定は経済学において**消費者選択**の問題として扱われ、理論的な解明が行われてきた。この章では、消費者選択のメカニズムについて経済モデルを使って理解するとともに、消費者選択の結果から導き出される需要曲線がどのように描かれるかについて考察していく。

第1節　消費者の選好

数ある財・サービスの中から何を購入し、何を購入しないかについては、消費者の財・サービスに対する好み、すなわち**選好**に応じて決まる。この節では、選好が人々の財・サービスの消費行動にどのように作用するかについて理解していく。

1　無差別曲線

現実社会には無数の財・サービスが存在するが、ここでは議論の単純化のために、ある消費者はコーラとビールの2種類の財をどのような組み合わせで購入するかについて検討しているとする。このときある消費者が、コーラとビールに対してどのような選好をもっているかは図2-1に描かれた**無差別曲線**のように表すことができ、たとえば無差別曲線 u 上の A 点においては、コーラの缶を1本、ビールの缶を5本消費したときに u の大きさの効用が得られることを表す。また、B 点は A 点と異なる組み合わせであるものの、A 点と同様に無差別曲線 u 上にあり、このことは B 点における消費が A 点における消費と等しい効用 u を得られることを表している。そのほか、C 点、D 点も同じく無差別曲線 u 上にあり、これらの点においても A 点と等しい効用が得られることを示している。無差別曲線はあらゆる消費の組み合わせの中から同じ（無差別な）効用水準が得られる財の組み合わせを描いた等高線であり、同一の無差別曲線上にある点の消費において消費者の得られる

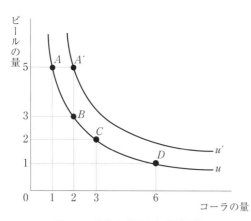

図 2-1　消費者選好と無差別曲線

効用は等しく無差別である。

　コーラをどれだけ好きで、ビールをどれだけ好きであるかといった財に対する選好は消費者によって異なることから、財の選好を表す無差別曲線も消費者ごとに形状が異なる。ただし、無差別曲線は一般的にいくつかの性質に従って描かれると考えられており、次の3つの性質について紹介する。

　①　右上方に位置する無差別曲線ほど、消費者にとって好ましい。

　②　無差別曲線は右下がりである。

　③　無差別曲線は原点に向かって凸となる。

　①の性質を理解するために図2-1のA点とA'点を比較してみると、A'点はA点よりもコーラを1本多く消費し、ビールの消費量に違いはないことから、消費される財の総量が増加することとなる。A点と比べて1本多くコーラを飲むことができるA'点の組み合わせは消費者にとってより多くの満足感を得られると考えられることから、A点の組み合わせから得られる効用uよりも、A'点の組み合わせから得られる効用u'の方が、より高いと考えられる。したがって、無差別曲線uの右上に位置する無差別曲線u'は消費者にとってより好ましい。

　ある財の消費量が増えた場合、消費者の効用水準が増加することから、効用水準が変わらないようにある財の消費量を増加させるためには、ある財の消費量を増やした分だけ他の財の消費量を減少させる必要がある。たとえばA点とB点は同一の無差別曲線上にあるが、A点からコーラを1本追加で購入する場合、2本のビールの購入を諦めることでA点と同一水準の効用uを得られることが描かれている。このように2つの財の消費量を縦軸と横軸に取ったとき、ある財の増加と他の財の減少との関係は右下がりの関係として描けることから、無差別曲線（図2-1）は性質②のとおり、右下がりとなる。

　大好きなコーラでも飲み過ぎれば飽きがきてしまうように、ある財だけをたくさん購入すればするほど、その財に対するありがたみが薄れてしまうということを性質③は表している。図2-2において、A点からB点に組み合わせを変更する場合には、コーラ1本の取得に対してビール2本を諦めることで変更前と変わらない効用水準が達成される。それに対してB点からC点

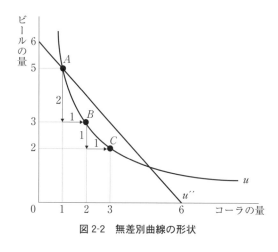

図2-2　無差別曲線の形状

への変更はコーラ1本の取得に対してビール1本を諦めるだけで達成される。

このように無差別曲線上における2つの財の交換比率が2点の位置関係に応じて変化する理由は、消費することによって満たされる欲求が2つの財で異なることにある。も

し消費者が、飲めさえすればコーラであってもビールであっても満たされる欲求に変わりはないと考えているのであれば、無差別曲線は右下がりの直線として描かれる。たとえば無差別曲線がu''のとおり直線で描かれるとき、コーラとビールが合計で6本あれば、どのような組み合わせであっても効用が変わらない。このときコーラが1本も飲めなくてもビールが6本飲めるのであれば、その消費者にとってはコーラを6本消費したことと同じ気分（効用水準）になることを表している。このように、2つの財について、それぞれの消費がまったく同じ欲求を満たす場合には、無差別曲線は原点に向かって凸とならずに直線となる。

しかし実際には、コーラはソフトドリンク、ビールは酒類に分類されるように、それぞれが異なる欲求を満たす飲み物であると人々が認識していると考えられるだろう。このとき、消費者は消費できる量が少ない財ほどありがたみを感じると考える。たとえばA点の組み合わせでは、5本のビールが楽しい晩酌の時間を過ごすという欲求を満たすためにはいささか多い一方で、1本のコーラが日中にのどの渇きを癒すという欲求を満たすには十分な量ではないかもしれない。このとき消費者にとってコーラ1本分のありがたみはビール1本分よりも高くなり、ビール2本とコーラ1本を交換するA点からB点への移動は、消費者にとって効用水準の変わらない変化となる。その

一方でB点とC点の消費においては、コーラもビールもそれぞれのありがたみが変わらない状態であり、B点からC点への移動はコーラとビールそれぞれ1本の交換によって効用水準の変わらない変化となる。

　無差別曲線が原点に向かって凸となるのは、効用が一定であるという状況の下で2つの財の交換を行ったとき、消費量が少ない財の価値が相対的に高まることを表している。

2　限界代替率

　無差別曲線上における、ある財ともう一つの財との交換比率を**限界代替率**（MRS：Marginal Rate of Substitution）と呼び、次の計算式から求められる。

$$限界代替率 = -\frac{縦軸の財の変化量}{横軸の財の変化量}$$

　図2-3(a)では、コーラ1本あたりのビールとの交換比率として限界代替率が記載されており、たとえばA点からB点への変化において、コーラの変化量が+1本であると同時にビールの変化量が-2本であることから、限界代替率は2（$MRS=2$）となる。交換する単位をコーラ1本あたりではなく、1滴あたりといったような微小な量で交換が行われる場合には、図2-3(b)

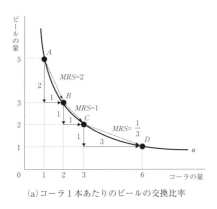

(a)コーラ1本あたりのビールの交換比率

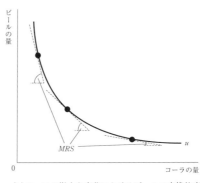

(b)コーラの微小な変化におけるビールの交換比率

図2-3　限界代替率

に示されているように、限界代替率は無差別曲線の接線の傾きとして表すことができる。

　無差別曲線は性質③のとおりの形状であり、右にいくほど横軸と水平に近づくよう湾曲し、傾きが小さくなる。したがって、横軸に取った財（コーラ）の消費量が多くなるほど限界代替率は小さくなるが、これを**限界代替率逓減の法則**と呼ぶ。

第2節　予　算　制　約

　人々が手に入れようとする財の多くは無料で手に入ることはなく、価格に応じてお金を支払う必要がある。そして人々は、お金を無限にもっていることはない。そこで消費者は使えるお金の制限、すなわち**予算制約**がある中で、どの財をいくら購入するかを検討する必要に迫られる。そこで、この節では財の価格と消費者の予算制約との関係について、**予算制約線**を用いて理解していく。

1　予算制約線

　予算制約線は消費者の所得をすべて使いきって消費される2財の組み合わせを示す直線である。ある消費者は一日あたり800円の所得があり、その所得からコーラとビールのいずれかを購入するとする（借金や貯蓄からの消費はしないものとする）。ここでコーラが100円、ビールが200円のとき、所得の800円をすべて使って購入できるコーラ

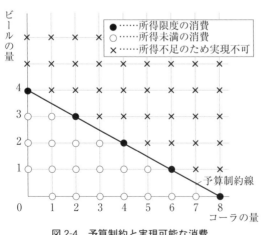

図2-4　予算制約と実現可能な消費

とビールの組み合わせは、コーラ 4 本とビール 2 本、コーラ 8 本とビール 0 本のように、図 2 - 4 に描かれた予算制約線上の点（●点）で表すことができる。また予算制約線よりも左下の領域にある点（○点）は、所得を使いきらずに購入できる財の組み合わせを示し、予算制約線よりも右上の領域にある点（×点）は、所得が足りないために購入することができない財の組み合わせを示している。

2　予算制約線の変化と傾き

　あらゆる財はいつまでも同じ価格で販売されているわけではないし、自身の置かれた状況によって人々の所得は変化する。そこで、価格や所得の変化に応じて予算制約線をどのように描き分けることができるかを考えていく。

　まずは財の価格の変化と予算制約線の変化との関係について見ていこう。所得が800円である消費者が100円のコーラと200円のビールを購入するときの予算制約線は図 2 - 5 の I となる。ここでコーラの価格だけが200円に上昇したとき、800円の所得で購入できるコーラの最大量が 8 本から 4 本に減少する一方でビールの最大量は変わらず 4 本であるから、予算制約線は I から I' へと、X 点を起点として原点に向かって回転シフトする。逆にコーラの価格だけが80円に低下した場合は、コーラの最大購入量が10本に増加することから、予算制約線は I から I'' へ原点と反対方向に回転シフトすることとなる。

　ここで、予算制約線の傾きに注目すると、コーラの価格が高いほど予算制約線の傾きは急であることがわかる。この変化は予算制約線の傾きが、縦軸の財（ビール）の価

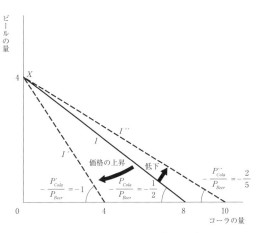

図 2-5　**価格の変化と予算制約線**

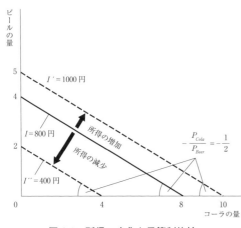

図2-6 所得の変化と予算制約線

格に対する横軸の財（コーラ）の価格の比 $\left(\dfrac{P_{Cola}}{P_{Beer}}\right)$ で表されることから理解できる。たとえば図2-5の予算制約線Iにおいて、100円のコーラと200円のビールの価格比は2分の1となることから、傾きは2分の1となる。またコーラとビールの価格がともに200円であるI'の状況において価格比が1となり、Iと比べて価格比の大きいI'は急な傾きとなる（図2-5のとおり、実際には予算制約線の傾きはマイナスの値を取る）。

次に所得の変化と予算制約線の変化との関係に目を向けると、たとえば800円であった所得が1000円に増加したとき、消費者はより多くのコーラやビールを購入できることとなり、図2-6のIからI'への移動で表されるように、予算制約線が右上方へシフトする。その一方で、所得が400円に減少した場合には、IからI''への移動で表されるように左下方へシフトする。なお、ここではコーラとビールの価格は変わらないと仮定しており、2財の価格比、つまり予算制約線の傾きに変化がないため、所得の変化は予算制約線の平行シフトとして表現される。

第3節 最 適 化

ここまでの議論では、無差別曲線という人々の選好を表現するツールが得られたとともに、予算制約線という消費できる財の量に制約があることを表現するツールが得られた。これら2つのツールを組み合わせ、消費者にとって最適な財の消費パターンがどのように決定されるかについて考察していく。

1　最適な消費

　無駄遣いし過ぎたと感じたら食費を切り詰めたり、ほしい財を買うために他の財に対する出費を抑えたりと、人々は限られた所得の中でやりくりしながら、自身にとって最も満足度が高く、望ましい消費パターンを実現

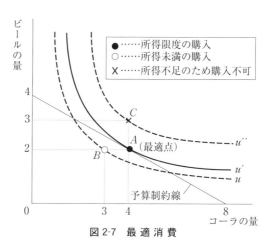

図 2-7　最 適 消 費

させようとする。消費者にとって最も満足度の高い財の組み合わせは図 2-7 の A 点のように、無差別曲線と予算制約線との接点で表すことができる。

　このことを理解するために、無差別曲線が予算制約線と接していないときの消費者の効用について考えてみよう。無差別曲線 u のように予算制約線と交わっている場合の消費、たとえば B 点の消費における効用はどうなっているだろうか。B 点では、余っている所得からコーラを 1 本追加で購入することで A 点に達し、より高い効用水準 u' を得ることができる。したがって予算制約線と交わる無差別曲線上の消費は最も満足度の高い消費パターンとはならない。これに対して効用 u'' は u' よりも上方に位置し、高い効用水準を示すが、予算の制約から C 点のような無差別曲線 u'' 上の組み合わせは実現することができない。予算内で最も上方に位置する（つまり予算内で最も効用水準の高い）無差別曲線は、予算制約線と接するように描くことができる。そして、このときの接点は消費者の最適な消費パターンを表し、**最適点**と呼ばれる。

2　所得の変化と消費者選択

　次に所得の変化によって消費者の最適な選択がどのように変化するかについて考察していく。ほとんどの人は所得が増加するに従って消費を増やし、より満足度の高い生活を送ろうとする。図2-8(a)では、所得の増加が予算制約線の右上方向への平行シフトをもたらし、最適点がA点よりも右方向のA'点へ移動したことで、コーラの消費量が増加している。このように、所得の増加によって消費量が増加する財を**正常財**と呼び、正常財とは反対に所得の増加によって消費量が減少する財も存在し、これを**劣等財**と呼ぶ。

　ある財が正常財であるか劣等財であるかは消費者ごとの選好によって決まる。多くの消費者にとってコーラは正常財であると考えられるが、たとえば、ある消費者の好きな飲み物は値段が高く、その飲み物になかなか手が出せない代わりにコーラを購入していた場合、その消費者は所得の増加によって自分の好きな飲み物を購入できるようになり、コーラの購入量を減少させると考えられる。このとき、その消費者にとってコーラは所得の増加に伴って消費量を減少させる劣等財となる。図2-8(b)ではコーラが劣等財である場合の消費量の変化を表しており、所得の増加によって最適点がAからA'へと左方向に移動し、コーラの消費量が減少する。

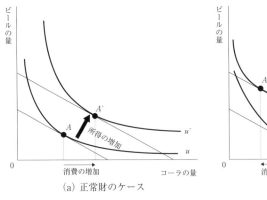
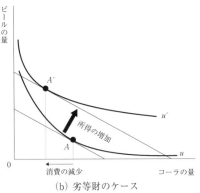

図 2-8　所得の変化と最適消費

第 4 節　価格の変化と消費者選択

　価格の変化が消費者の財の消費パターンを変化させる。図 2 - 9 ではコーラの価格の低下によって予算制約線 I が X 点を起点として原点と反対方向に回転シフトしている。これにより最適点が A 点から A' 点へと右方向に移動し、コーラの消費量が増加することとなる。この消費量の変化は、コーラの値下げによってビールとの価格比が変更されたことによる消費パターンの変化と、コーラの値上げによって購入できる財の総量が増加したことによる消費パターンの変化とが合わさっており、図 2 -10(a) のように補助線 I'' を引くことで、これら 2 つの変化を切り分けることができる。I'' はコーラの価格低下後の予算制約線 I' と平行であり、価格低下前の無差別曲線 u と A'' 点で接する直線である。A 点から A'' 点への移動による消費量の変化を**代替効果**、A'' 点から A' 点への移動による消費量の変化を**所得効果**と呼ぶ。このように A 点から A' 点への変化である**総効果**を代替効果と所得効果に切り分けることを**スルツキー分解**と呼ぶ。

1　代 替 効 果

　図 2 -10(a) において A 点と A'' 点は同一の無差別曲線上にあるが、異なる傾きの予算制約線に接している。第 2 節で説明したように、予算制約線の傾きは 2 つの財の価格比を示していることから、代替効果は等しい効用水準の下で財の価格比が変化したときの消費量の変

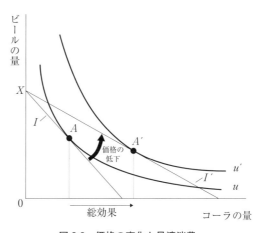

図 2-9　価格の変化と最適消費

化を表していると理解できる。たとえばコーラが200円から100円に値下がりした一方で200円のビールの価格に変化がないとき、コーラはビール 1 本分からビール 2 分の 1 本分へと相対的に価格が低下する一方で、ビールはコーラ 1 本分からコーラ 2 本分へと相対的に価格が上昇することとなる。そこで消費者は図 2 -10(a)に示されているように、価格が変化する前と同様の効用水準を維持するためには、相対的に高くなったビールを減らす一方で、相対的に安くなったコーラの消費量を増やす必要が生じる。このように、ある財の価格の低下（上昇）がその財の消費量の増加（減少）をもたらす効果を代替効果と呼ぶ。

2 所 得 効 果

　所得効果を示す A'' 点から A' 点への変化は、前節における所得の変化と同じ変化であり、財の価格の変化によって実質所得が変化したことを表す。財の価格が低下すれば消費者が購入できる財の総量が減少し、これは実質的に消費者の所得が増加したことと等しく、反対に財の価格が上昇すれば実質的に所得が減少したことと等しい。前節の所得の変化では財が正常財であるか劣等財であるかによって消費パターンに与える効果が異なることを確認したが、所得効果についても同様のことがいえる。図 2 -10(a)ではコーラが正

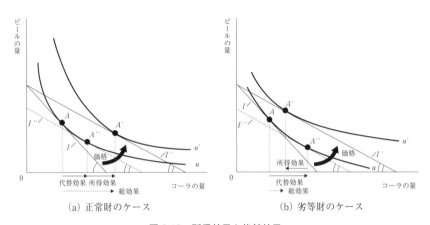

(a) 正常財のケース　　　　　　　(b) 劣等財のケース

図 2-10　所得効果と代替効果

常財であるときの消費パターンについて描かれており、コーラの価格が低下したときの所得効果は正常財であるコーラの消費量を増加させる。その一方で図2-10(b)はコーラが劣等財であるときの消費パターンを示すが、このときコーラの価格の低下による所得効果は、図2-10(a)とは反対にコーラの消費量を減少させる。

　ここで注意すべき点として、代替効果は正常財であるか劣等財であるかにかかわらず財の価格の低下（上昇）に従ってその財の消費量を増加（減少）させるが、所得効果は正常財であるか劣等財であるかによって消費量が増えるか減るかについて変化の向きが異なる。

第5節　需要曲線

1　価格の変化と個別の需要曲線

　前節では価格の変化について無差別曲線と予算制約線から分析したが、これらの分析ツールを用いることで、消費者ごとの個別の**需要曲線**を導き出すことができる。需要曲線は、消費者の所得や他の財の価格が変わらないとしたときの、ある財の価格の変化が消費量に与える変化を表した曲線である。

　図2-11(a)では、所得が800円、ビールの価格が200円で一定であり、コーラの価格が変化したときの消費者の消費パターンが示されている。I、I'およびI''はコーラの価格がそれぞれ80円、100円、200円のときの予算制約線であり、コーラの価格の変化は予算制約線の回転シフトによって表現されている。

　図2-11(a)において回転シフトで表されたコーラの価格の変化を縦軸に取り、横軸のコーラの消費量をそのまま**需要量**として示したものが図2-11(b)であり、この図で描かれている曲線が需要曲線である。ここで描かれているように、一般的に需要曲線は右下がりとなることが経験的に知られており、この経験則を**需要の法則**と呼ぶ。

32

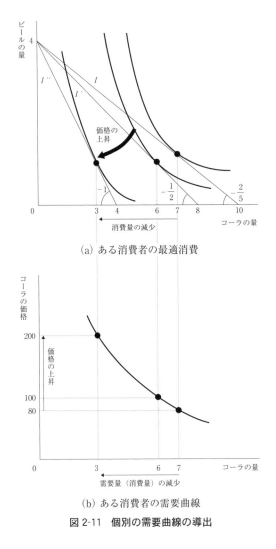

（a）ある消費者の最適消費

（b）ある消費者の需要曲線

図 2-11　個別の需要曲線の導出

2　市場の需要曲線

　需要曲線はコーラがいくらの価格で販売されるか、どれだけの量が消費されるかを決める要因となるが、こうした決定においては、ある一人の消費者がどれだけコーラを欲しているかという個別の問題ではなく、コーラを欲しているすべての消費者がどれだけコーラを欲しているか（市場の需要）が考慮されることとなる。市場の需要は市場に参加している個別の消費者の需要の総和である。図2-12では消費者の個別の需要曲線を足し合わせたときの需要曲線の変化を示している。

　図2-12(a)(b)では、ある消費者2人の個別の需要曲線が描かれており、それぞれコーラに対して異なる需要をもっているため、需要曲線の形状もそれぞれ異なっている。もしコーラの消費者がこの2名のみしか市場に存在しないとき、**市場需要曲線**は図2-12(c)の実線のように示され、個別の需要曲線を横方向に足し合わせて形作られる。たとえばコーラの価格が200円であるとき、消費者Aのコーラの需要量は6本であり、

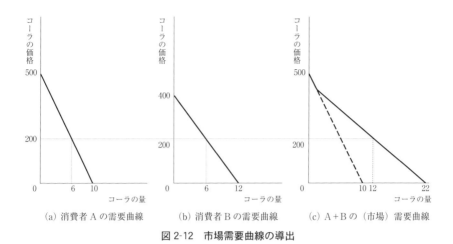

(a) 消費者 A の需要曲線　　(b) 消費者 B の需要曲線　　(c) A＋B の（市場）需要曲線

図 2-12　市場需要曲線の導出

消費者Bの需要量は6本であるが、このときの市場需要量は(c)で描かれている需要曲線で示されるように12本となり、個別の消費者の需要量の総和と等しい。

3　価格弾力性

　コーラの値上がりは、人々のコーラの需要を減少させ、相対的に安くなった他の飲み物の購入を増加させる要因となるだろう。ただし、値上げによってどれだけコーラの需要量を減少させるかについては、ある人はコーラをまったく飲まなくなるかもしれないし、ある人はコーラを変わらず飲み続けるかもしれない。また、値上げによってコーラの需要量を減少させる人は、ビールの値上げについてもビールの需要量を減少させるという判断をするかといえば、必ずしもそうではないだろう。このように、ある財の価格の変化に応じて需要量がどれだけ変化するかは、人々の選好や財の性質に応じて異なる。

　ある財における価格の変化に応じた需要量の変化の大きさを示す尺度を**需要の価格弾力性**と呼ぶ。需要の価格弾力性は次のとおり計算される。

$$需要の価格弾力性 = -\frac{需要量の変化率}{価格の変化率}$$

図 2-13では300円のコーラが150円に値下げしたときの価格弾力性について描かれている。このとき、価格は50％低下し、需要量については50本から125本へと150％増加している。したがって、需要の価格弾力性は次のとおりとなる。

$$需要の価格弾力性 = -\frac{150\%}{-50\%} = 3$$

需要の価格弾力性は需要量と価格の変化の比率にマイナスをかけて表されるが、これは、弾力性をプラスの値で評価することが多い一方で、右下がりの需要曲線において需要量と価格の変化の比率がマイナスの値になるためである。

ある財の需要の価格弾力性の大きさが1より大きいとき、価格の変化率よりも需要量の変化率が大きく、その財は**弾力的**であるという。それに対してある財の需要の価格弾力性が1より小さいとき、価格の変化に比して需要量の変化が小さいことから、その財は**非弾力的**であるという。

ある財の需要の価格弾力性は、その財と同じような欲求を満たすことができる他の財、つまり**代替財**が存在する場合に大きくなる。たとえば前述のようにコーラの価格が上昇しても、コーラ以外のソフトドリンクで消費者の欲求を満たすことが可能であれば、その消費者のコーラの需要は価

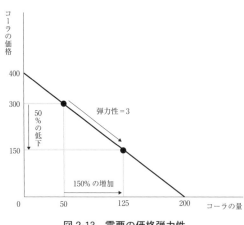

図 2-13　需要の価格弾力性

格の上昇に応じて大きく減少すると考えられ、すなわちコーラの価格の変化に対して弾力的であると解釈できる。

コラム：ムサベツキョクセン……？

　コーラが嫌いな人にとっては、いくら安かろうとコーラを買おうとはしないだろう。こうした財の選好については、原点に向かって凸の無差別曲線を想定して説明することはできない。このように、読者が自身の消費行動を振り返ってみたときに、本章の無差別曲線に適合しない事象が少なからず存在し、このことは本章での議論の妥当性について疑問をもたらす原因ともなろう。

　市場は需要者の集合で成立している。これはコーラが嫌いでそもそも市場に参加しない消費者の無差別曲線には影響を受けずにコーラの価格と需要量が決定されることを意味する。そのため、市場の仕組みを分析するにおいて、コーラの嫌いな人の無差別曲線の形状について考えずとも大きく問題はない。そして、原点に向かって凸の無差別曲線は、市場に参加している消費者の実際の選好を説明するのに最も適した形状をしている。図2-14のような非凸の無差別曲線は、予算制約線の形状によっては最適点が2点存在するが、消費者が実現できる消費パターンは現実には1つであるから、このような形状の無差別曲線を仮定することはふさわしくない。それに対して原点に対して凸の無差別曲線は、どのような予算制約線に直面しても最適点は1つとなるため、実際の消費者選好を表すのに適しているといえる。

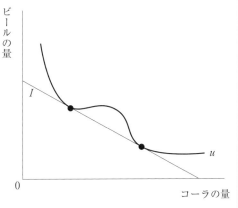

図 2-14　原点に対して非凸の無差別曲線

○引用・参考文献

ヴァリアン, H. R. 著、佐藤隆三監訳『入門ミクロ経済学（原著第 9 版）』勁草書房、
　2015年。

神取道宏『ミクロ経済学の力』日本評論社、2014年。

神戸伸輔ほか『ミクロ経済学をつかむ』有斐閣、2006年。

新開陽一ほか『近代経済学（新版）』有斐閣、1987年。

西村和雄『ミクロ経済学（第 3 版）』岩波書店、2011年。

ファーグスン, C. E. 著、木村憲二訳『改訂　微視的経済理論（上）』日本評論社、
　1973年。

マンキュー, N. G. 著、足立英之ほか訳『マンキュー経済学　ミクロ編』東洋経済新
　報社、2019年。

レヴィット, S. D. ほか著、安田洋祐ほか訳『レヴィットミクロ経済学　基礎編』東
　洋経済新報社、2017年。

第 3 章

企業行動と供給曲線

　本章では市場において売り手側に当たる生産者の行動を観察し、売り手側の行動としての利潤最大化や、売り手の供給として供給曲線を通じてその行動を理解する。これにより、価格以外の市場環境（生産技術や生産要素価格など）が変化する際に売り手が行動をどのように変化させるのかを確認することができる。

　われわれが目にする企業はその内部で営業やマーケティング、さらに経理や総務など様々な業務を行っている。想像してみてほしい。これらが成り立つためには社屋となる土地や建物を用意し、機械を購入し、労働者を雇うことになる。

　企業は上記の経営資源をもとに日々の意思決定を行っている。たとえばどのような商品を開発するのか、営業としてどのような地域やどのような業種に行うべきか、さらに効果的な企業経営・運営を行うにはどのような組織体系が適切であるのかなどの問いを日々考える必要がある。

　企業は意思決定とそれによる変化の連続なのである。企業は財やサービスの供給を通じて地域や社会に貢献し、長きにわたり企業としてその役割を果たすことが求められる。長くその役割を果たすためには企業として継続的に事業を行う原動力を確保しなければならない。その際に得られた収入から費用を差し引いたものが利益であり、経済学においては利潤という。そこで、以下では企業の行動が利潤最大化を仮定して行動する点にも触れ、その行動を説明していく。売り手をイメージしながら、本章を読み進めてほしい。

第1節　生産と費用

　企業は単純なものであれば、ある水準に固定された資本の状態において原材料や労働を**投入**（input）することで生産し、生産活動を通じて生み出されたものが**生産物**（output）となる。ある状況を示した短期的な生産物の姿は図3-1のように縦軸に生産量を取り横軸に投入量を取ることで、投入量が増加すると生産量も増加する関係（増加関数）にあり、**生産関数**のように上に凸の形をした関係で示される。生産物としてパンを生産する例で考えると、パンをつくる過程で小麦粉が必要となるが、さらにいうと小麦粉のためには小麦という作物を必要とする。こうしたパンのような最終生産物をつくる過程で必要となる小麦粉は**中間投入物**と呼ばれる。さらに複雑な物になると、自動車などのように多くの部品で構成されていることから多くの中間投入物が必要な場合もある。ここで、生産において用いられる土地や建物、さらに製造設備などは**物的資本**と呼ばれ、経済においてさらなる新たな（付加）価値を生み出すものとして貢献することになる。

　企業の活動において、生産にかかる費用は**総費用**としてすべて計算されるが、その費用は大きく2つに分けられ、**可変費用**（variable cost）と**固定費用**（fixed cost）として認識されることになる。可変費用は生産の際、投入量に応じて変化することになる財やサービスに直接的に関わる、あるいは構成要素となることで費用として生じるものであり、固

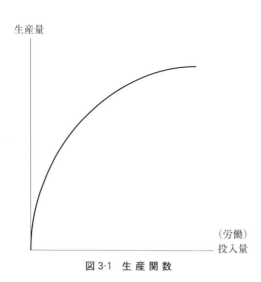

生産量

（労働）
投入量

図3-1　生産関数

定費用は生産する際の数量に関係なく一定に生じる費用をいう。生産にかかる固定費用として想像しやすいものとしては製造間接費と呼ばれる電気やガスや水道にかかる費用がある。こうした費用の在り方に合わせて投入される投入物は**可変投入物**（variable input）や**固定投入物**（fixed input）とも呼ばれる。

　ここまで説明したように、企業は必要な財やサービスを提供している売り手や生産者として活動しており、企業の姿を本節では経営的視点でよりある状況を踏まえた短期的な視点で売り手である生産者を概観した。企業は物的資本を導入し、手間暇をかけてその生産を行う。その生産にかかる費用は認識可能な費用もあれば、固定費用のように買い手には認識されにくい費用もある。

第 2 節　　総費用曲線と限界生産性

　売り手として製品の販売を行うには、経済学の観点から、可変費用と固定費用といった費用をかけ製品を製造することになる。そこで、この節で扱う生産者が参入している市場は完全競争市場であると仮定し、費用との関係から売り手としての供給販売を考えることにする。

　ここまで生産の理解を中心に説明してきたが、経済学としてこうした売り手を理解していくために、まず**完全競争市場**を仮定するのが一般的である。完全競争というのは市場に多数の売り手と買い手が存在し、双方に情報が完全に与えられるなどの条件を満たす市場である。経済学では価格に影響を与えない市場参加者をプライス・テイカーと呼び、完全競争市場において売り手と買い手は必ずこれらの前提の下、行動する。

　生産における費用について考えるとき、その費用は総費用として認識することになるが、単純化させるためまず可変費用のみで考える。すると、すでに示した生産関数の縦軸と横軸を反対にして考えることにより、生産における総費用は生産量を増やせば増やすほど大きくなることが理解できる。この費用の関係は**可変費用関数**と呼ばれ図 3-2 右図のように右上がりの曲線と

して考えることができる。

　生産量を変化させると、可変費用の大きさにどのような変化が現れるのか
を考えてみることにする。その都度どれだけ投入しどれだけ生産を行うかと
いう関係を示す**供給表**のようにして、売り手は個々の生産に基づく供給量を
表にまとめることもできる。また、ここまでの生産関数と可変費用のみで単
純化させた総費用を示した図3-2の理解からも生産量の増加とともに可変
費用は上昇、つまり、総費用曲線の形状は右上がりを示している。それだけ
でなく、図3-2右図は、図の接線を考えることにより、生産量の増加に伴
いその限界費用は徐々に増加（逓増）する形となっている。

　同様にして、図3-2左図に当たる生産関数における接線を考えてみると、
可変費用である投入量を変化させると生産量がどのように変化するのかを理
解することができる。すると、図3-3のように接線を考える形で生産要素
の投入を1単位（限界的に）増やしたとき、生産がどれだけ増えるのかとい
う関係を検討したことになる。この関係が**限界生産性**であり、図の曲線（生
産関数）の傾き（接線）として示され、理解することができる。つまり、生産
量が低い状況では、投入を行えば可能な限り多くの生産を行い、その生産量

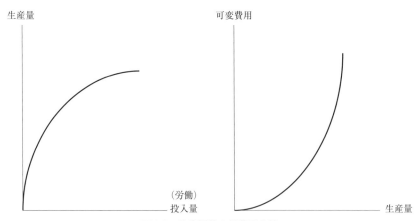

図 3-2　生産関数と総費用曲線

は大きく増やすことも可
能であるが、生産量が性
能の限界など一定の水準
に近くなると投入を行っ
ても生産量を増やすこと
が難しくなる。したがっ
てその限界生産性は徐々
に低下する（逓減する）。
こうして、生産において
限界生産性が逓減してい
く性質を**限界生産性逓減
の法則**と呼んでいる。

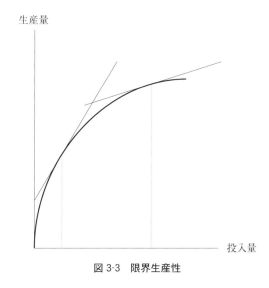

生産量

投入量

図 3-3　限界生産性

　また、生産関数と生産
における費用の関係から
図 3 - 2 のように総費用曲線を示したが、第 1 節で確認したように費用は可
変費用と固定費用とに分けて認識される。可変費用は生産の際投入する数量
に応じて変化することになるため、主に最終的な財やサービスに直接的に関
わる、あるいは構成要素となることで費用として生じるものである。

　したがって、可変費用を示す**可変費用曲線**は図 3 - 4 の曲線のように生産
量が増えるほど費用は増加していく関係を示しているが、固定費用の存在が
考慮されると、総じてかかる費用も総費用曲線として図 3 - 4 のように認識
できる。

　こうした費用の関係をさらに理解するためには、本節では**平均費用**と**限界
費用**の概念も理解する必要がある。平均費用は総費用に対して生産物 1 単位
あたりの費用、つまり総費用 C を生産量 y で割った値ということになり、図
3 - 5 左図で示したようになる。その一方で、限界費用は生産量を 1 単位増
加させたときの費用の増加分であり、図 3 - 5 右図実線のように、左図実線
の平均費用とは違った変化として理解できる。つまり、総費用に対して生産
物 1 単位の（限界的な）変化であるということは、限界費用が生産物を（1 単

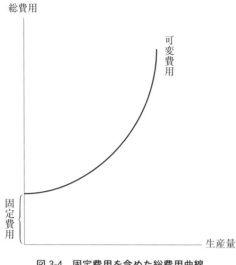

図 3-4　固定費用を含めた総費用曲線

位）増やすのに必要な費用であることを示している。この限界費用は、総費用曲線上の点で引いた接線の傾きの大きさで示すことができる。また数学的には、限界費用曲線は総費用曲線を微分することにより導出できる。考え方は似ているが、限界費用は限界生産性と混同しやすく、逆の方向（逓増）に作用するという理解となるので注意したい。限界費用として理解したように、可変費用の増加はその生産量の増加とともに総費用が逓増するが、このことは可変的生産要素の投入量の増加に伴いその限界生産力が逓減することと整合的である。その生産量は限界生産性逓減の法則で理解したように減少

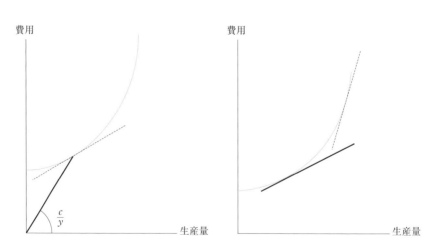

図 3-5　平均費用と限界費用

することを意味し整合的な理解となる。売り手について、本節ではむしろ生
産者としての行動を検討し、総費用からその行動の変化が平均費用や限界費
用を通じて理解できた。次節ではいよいよ売り手の行動を供給曲線として示
し、行動する際の行動原理や行動の変化を価格の変化を通じて理解していく。

第3節　供　給　曲　線

　本節では平均費用や限界費用の関係を踏まえ、売り手としての価格に対す
る反応を考えていく。この反応を供給曲線として示し、売り手の行動が供給
曲線として理解できることを学び、前節も含め売り手としての行動の理解を
さらに深める。
　ここで、図3-6で示したように、限界費用曲線で示されたある生産の状
況について、ある価格水準で販売すると考えると、一般的に収入から費用を
差し引いたものが利潤と考えることができる。
　すると、ある価格水準において、図3-6は生産量の変化により利潤が変
化することを示している。

つまり、y_1のような状況で
は価格pが限界費用を上回
るため、利潤を増加させる
ためにさらに生産しようと
する一方、y_2のような状況
では限界費用が価格を超え
てしまうため生産量を減ら
そうとする。つまり、売り
手は価格と限界費用が一致
する最適生産量で利潤最大
となるよう行動しているこ
とがわかる。したがって、
売り手はちょうど限界費用

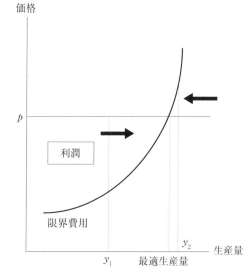

図 3-6　供給曲線と利潤

と1単位販売によって得られる収入（限界収入）として示される価格とが等しくなる点で行動しようとする。これが**利潤最大化条件**であり、利潤最大化が売り手が行動する際の条件となる。利潤最大化については第5節でさらに詳細に説明する。

　図3-7のように縦軸を価格として考える場合、利潤最大化条件を満たすよう、財の供給に際して所与の価格に対し限界費用曲線を通じて売り手がどのように行動するかが**供給曲線**として導出できる。ただし、1単位あたりの費用は総費用の中でも特に平均可変費用が変化するため、図3-7のような曲線を示している。さらに、売り手にとっての財やサービスは固定費用を含む平均費用を上回る水準で供給されるはずだと考える。すると、平均可変費用と平均費用、どちらの場合も1単位生産する際にかかる費用であることから、売り手はこの費用を上回る水準で生産しようとする。それが図3-7の太い線で示した部分の売り手の行動となり、これが供給曲線となっている。

　したがって、供給曲線に対して平均費用曲線が交わる点は費用における間接費を含む総費用が最小となる点であると理解することができ、この供給曲線と平均費用曲線の交点は**損益分岐点**と呼ばれ、この点を基準に下回る価格

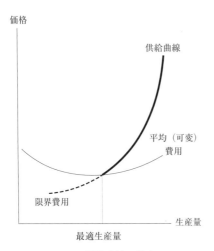

図 3-7　供給曲線の導出

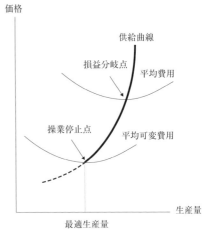

図 3-8　損益分岐点と操業停止点

で供給がなされる場合、生産にかかる一部費用が回収できず損失（赤字）となることを示している。さらに、供給曲線と平均可変費用曲線の交点においては、この点を下回る場合は可変費用を回収できなくなるため、生産（操業）し供給することをやめてしまうことから、**操業停止点**と呼ばれている（図3-8）。

第4節　供給曲線のシフトと供給の価格弾力性

　前節において売り手が供給曲線という形で示されること、また供給曲線は価格の変化により供給量を変化させることも確認した。そこで、本節では価格以外の状況が変化する場合の売り手の行動を確認する。

　図3-9では売り手の姿について、供給曲線の変化を通じてその可能性を示したものになっている。供給曲線を左右にシフトさせることにより、あらゆる価格水準において売り手が売りたいと思い売ることができる量を考えている売り手が示されている。

　供給曲線は一定の条件下での価格と供給量を示したものになるが、供給曲線をシフトさせる要因は主に次の2つが考えられる。①**投入物の価格**、②**生産に使用する技術（水準）**である。

　図3-9のような左右へのシフトの要因を見てみよう。①のように原材料のような投入物の価格が上昇する場合、売り手は供給量に直接影響を受けることが避けられず、その財の供給量を減らし供給曲線は左方へシフトすることになる。逆に原材料価格の下落

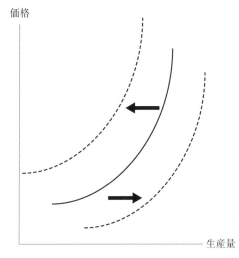

図3-9　供給曲線のシフト

など財の供給量が増加するような変化が起こると供給曲線は右方へシフトし、財の生産を増加させる変化を示すことが図から理解することができる。また、②のように生産に関する技術について技術革新などで新技術が開発され生産能力が倍増すると、供給曲線は供給量が増えることから右方へシフトすることになる。

　さらに、発展的な理解として、供給曲線をシフトさせる要因を考えると、売り手の数（規模）や期待（予想）といった要因も供給曲線をシフトさせ得る。売り手の数についてはこれまでの説明で行った完全競争下の短期での理解ではこうしたシフトが起こることは考えにくい。しかし、第6節を含む発展的な理解の中で供給がどれくらい多くの売り手によってなされるのかで売り手全体、つまり市場全体としての生産量が決まってくる。すると、供給曲線はその供給量の規模が大きくなれば右方にシフトし、規模が小さくなれば左方へシフトすることになる。たとえば新たな油田の発見などの売り手の数の増加は市場規模の拡大につながり、それは市場全体で供給量の増加を意味することから供給曲線は右方へシフトする。逆に国際紛争などで取引が制限される国が現れたなどの場合は、供給量が減るため供給曲線は左方へシフトする。

　さらに、期待のような場合においては売り手が考える将来の経済状況に対する期待が、たとえば好景気が期待される場合、買い手の増加に備えあらかじめ供給を増やしておこうと供給曲線が左方へシフトするような行動を取るはずである。それだけでなく、期待の存在は売り手が生産を行い実際に販売する際、供給曲線によりその価格がいくらになるのかを踏まえてその供給量を考えることも可能である。したがって、売り手の行動が供給曲線を通じて理解できるとすると、期待の存在は供給曲線を左右にシフトさせる要因となり得ることがわかる。

　ここで、一つの供給曲線について考えてみたい。企業が価格の変化に対してどれくらい供給を変化させるのかを考えてみることにする。この変化は**供給の価格弾力性**と呼ばれ、経済学において売り手側から見た変化の度合いを示す重要な概念となっている。ちなみに、弾力性とは決定要因が1単位変化する際に他の要因がどれくらい反応（変化）するのかを示す尺度である。し

たがって、価格弾力性とは決定要因である価格が1単位変化する場合、供給はどの程度変化するのかを示す尺度ということになる。換言すると、計算式としての供給の価格弾力性とは、価格が1％変化する際にその財の供給量が何％変化するのかを示す指標ということになる。供給の価格弾力性を算定する計算式は、

$$供給の価格弾力性 = \frac{供給量の変化率}{価格の変化率}$$

　以上のように価格の変化率に対する供給量の変化の割合として示されることになる。

　この計算式を使えば弾力性自体が把握でき、また、企業の姿をイメージし弾力性の関係を理解することにより、売り手である生産者が価格の変化でどのように生産量を変化させることになるのかを大まかに理解することもできる。つまり、企業にとって価格が上昇する状況がイメージできれば、売り手はその供給量を増やすことができれば弾力性が上昇する可能性がある一方、価格の上昇に対して供給量を減少させないまでも変化させないような「様子見」をする場合、弾力性は低下する。ぜひ弾力性を使って企業が状況に応じてどのように反応しようと考えるのか、あるいは弾力性は企業のどのような変化を表していることになるのかを確認してほしい。

　総じて、本節では状況が変化することにより売り手が変わることを説明した。前述の4つの要因などによる供給曲線のシフトや弾力性を通じて、状況の変化により売り手が行動を変化させることを確認した。本節のように売り手の姿は一様ではなく、人々の日々の生活の中で変化するように、企業の生産活動も買い手となる人々の行動に合わせるよう変化し続ける。その中で、売り手として利潤最大化となるよう望ましい形で行動しようと日々努力を続けていることを次節で確認する。

第5節　限界生産性と利潤最大化

　本節では第3節でも理解した売り手の行動にとってその原動力が利潤にあり、この利潤最大化により売り手にとって得られる満足度となる便益としても最も「望ましい」姿で行動できることを発展的に理解する。

　前節や図3-6等で示したように、市場価格が与えられたとき、その水準で引いた水平線が限界費用曲線に交わった点、この点に対応する生産量が利潤最大化生産量である。このことは、売り手にとっての利潤を最大化する生産量で成立する条件、価格と限界費用が一致することに対応している。その際、利潤が最大になるためには、費用が最小になるような価格を選択するはずである。つまり、この点が利潤最大の点となる。

　上記を数学的に理解すると、実際の生産において、賃金 w で労働 L を投じて産出 y を得る場合、その1単位あたりの利潤となる限界利潤 π は式で表すと、産出により生み出した価値（価額）から投入される費用を差し引いて、

$$\pi = py - wL$$

となる。これを y について解くと、

$$y = \frac{w}{p}L + \frac{\pi}{p}$$

となり、図3-10左図のように右上がりの直線を示すことになる。これは**等利潤線**と呼ばれ、利潤を高くすると図3-10左図のように左方向（上方向）にシフトし、投入したにもかかわらず生産量につながらない場合は右方向（下方向）へシフトすることが理解できる。つまり、利潤最大化となるためには、ここでの式で示した関係において図3-6、図3-7、さらに図3-8でも理解した費用が価格を上回らない、限界利潤 π がゼロとなる価格での生産量が最適生産量となる。

　図3-10左図で説明しているのは、等利潤線上は各投入量においての生産

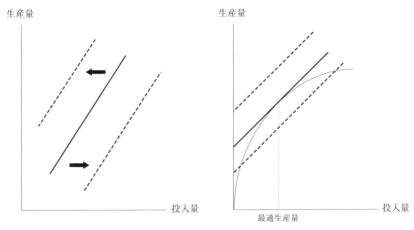

図 3-10　等利潤線とそのシフト

量との関係が示され、線上では同じ利潤を得ることができる。つまり、利潤の水準が異なれば等利潤線は左右にシフトし、利潤の水準が高ければ左（左上）側、利潤の水準が低い場合は右（右下）側へシフトすることになる。より上方に位置する等利潤線上の点に対応する利潤の水準はより高いことになる。しかし、等利潤線上の点であっても、生産関数の上方に位置する点に対応する生産は実行可能でないこともある。つまり、生産関数と等利潤線が接する点に対応する生産量が、利潤最大化生産量となる。

　図 3-10の両図は縦軸と横軸が同じであるため、生産関数と等利潤線を合わせて検討することができる。すると、右側へのシフトが利潤の水準が低くなるため選択に消極的である一方、左側へのシフトは、生産関数と等利潤線が交わることなく生産を実現することはできない。ここでの図 3-10右図右下破線の場合のように、交わる点が複数存在する場合も考えられる。しかし、1点で交わることができれば実現できる投入量と生産量の最適な組み合わせは1つしかない。確認した関係が生産関数において図 3-10右図のような場合、生産関数に対して1点で交わる場合、ちょうど生産関数の接線となっていることになる。

第6節　短期と長期の検討

　長期の売り手の姿は投入量などの状況で変化する。それは短期の売り手の状況からどのように変化するのだろうか。この生産の概念を短期と長期に分けて考察を行う。固定的生産要素が存在する期間が短期、すべての生産要素が可変的となる期間を長期として説明していく。

　第2節の図3-2右図のような理解は本節では短期的な総費用における売り手を示したものになっていた。しかし、短期で示した状況から変化して長期的な状況を考えると、図3-11のように資源量の変化や技術変化などの要因により生産量を上げることが可能であり、それぞれの短期の総費用曲線の状況は変化を示していることになるが、長期的になるとその変化はなくなる。つまり、短期的に考える場合、様々な状況を短期の総費用曲線として複数引かれているのは、資本投入の増加によって固定費用が増加するためであり、長期的な視点に立てばこの変化はなくなり見方は異なってくる。

　さらに、複数引かれた短期の総費用曲線同様に図3-12のように短期の平

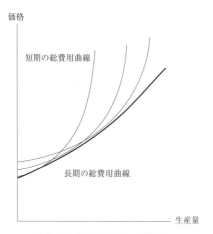

図 3-11　短期と長期の総費用

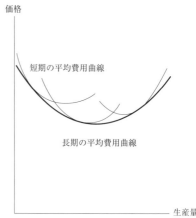

図 3-12　長期の平均費用曲線の導出

均費用曲線を引くと、長期の平均費用曲線は短期の平均費用曲線の**包絡線**を
たどる形で描かれる。

　短期の総費用や平均費用から長期の総費用や平均費用を確認したことから、
限界費用についてもここまで説明してきた 2 つの費用のように短期の限界費
用曲線を説明することができ、長期の限界費用曲線も理解することができる。

　図 3 - 7 のように短期における供給曲線の導出の理解に基づいて、短期の
限界費用が短期の供給曲線となるとの理解から、図 3 -13左図のように長期
の供給曲線の導出も同様に理解することができる。つまり、短期の供給曲線
がいくつか示されている場合は基本的に限界費用曲線と同じと考えることが
できることから、各短期の限界費用曲線において最小の費用水準を取るよう
な長期の供給曲線が考えられる。また、図 3 -13右図のように長期における
限界費用曲線も長期の供給曲線と基本的に同じと考えることもできる。

　このようにして、長期においても短期での理解同様、図 3 -13右図のよう
に売り手の利潤最大化行動に基づく長期での費用との関係から長期の供給曲
線が導出されていると理解することができ、図 3 - 8 と同様に長期において
も損益分岐点や操業停止点を明らかにすることができる。

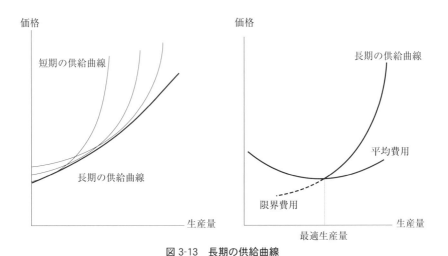

図 3-13　**長期の供給曲線**

52

コラム：グローバル経済を説明するには？―貨幣数量説とポストケインジアン―

　本書においては主にミクロ経済学を中心に説明をしているが、マクロ経済学は経済全体の姿をGDPという概念でとらえ、その変化を知ろうとする学問となっている。こうしたマクロ経済学の背景にも本書で学ぶ需要と供給に基づいて成り立つ経済の姿がある。

　経済全体の成立には貨幣システムによる下支えが不可欠であり、貨幣システムは経済において最も流動性の高い唯一の決済手段となっている。しかし、経済学における貨幣の議論はあまりされることはない。経済学においては「貨幣の中立性」という概念で説明されるように、貨幣の存在は本章でも確認した利潤最大化行動を実現するための媒体として影響を与えない存在ととらえられている。とはいえ、売り手であれ買い手であれ、行動したいと考える際は必要となる費用あるいは価格相当分を貨幣として需要する。中央銀行は必要とされる貨幣を供給する。本書の議論により理解できる内容だ。

　この貨幣の中立性に基づく貨幣数量説は$MV=PY$で表され、貨幣の流通速度Vの違いにより経済PYの大きさが異なり、流通速度が速ければ人から人へ貨幣が速く動くことを意味するためより大きな経済となり、遅い場合は小さな経済となる。この理解も重要だが、それ以上に重要なのは貨幣速度が一定ならば貨幣（供給）量Mが経済の大きさを決めること、さらにこの関係が等式であるということにある。

　アメリカでは2008年から2015年まで、日本では2012年から現在に至るまで行われている「量的緩和」と呼ばれる金融政策がある。この政策は上記2つの経済学からの知見に依拠してこそ成立する政策である。つまり、右辺である経済を浮揚させたければ貨幣量を増加させればよい、そういう理屈になる。

　1930年代の世界恐慌以降、問題解決に貢献し今も経済運営の学術的基盤となっている経済学であるが、グローバル化した経済を前に現在比較的シンプルな経済学の知見や理解では説明・対応が難しい状況に至っている。

　しかし、近年になり問題が明らかになったわけではない。ポスト・ケインズ派と呼ばれる学派では改めて貨幣の役割が議論され、カルドアやカレツキ、さらにデビッドソンは貨幣数量説を批判し、貨幣は経済にとって内生的であるとした。また、ミンスキーの議論では信用や利子率などの金融の不安定性に言及し、中央銀行や金融システム自体の「金融的動機」により経済に影響を与えることから、確固とした利子率決定理論は存在せず、投資にとって金

融は重要であり債権者と債務者は非対称であるとしている。

　こうした議論は今まさに問われている問題であり、時間の経ったものでもあるが示唆も多い。現在は経済に対しより深い経済学の理解が求められている。読者の皆さんもぜひ文献に触れてみてほしい。

○**引用・参考文献**

アセモグル, D. ほか著、岩本千晴訳『アセモグル／レイブソン／リスト　入門経済学』東洋経済新報社、2020年。

大淵三洋・芹澤高斉編著『基本経済学』八千代出版、2018年。

神取道宏『ミクロ経済学の力』日本評論社、2015年。

キング, J. E. 著、小山庄三訳『ポスト・ケインズ派の経済理論』多賀出版、2003年。

マンキュー, N. G. 著、足立英之ほか訳『マンキュー入門経済学（第3版）』東洋経済新報社、2020年。

King, J. E., *Advanced Introduction to Post Keynesian Economics*, Edward Elgar, 2015.

Rotheim, R. J., Keynes' Monetary Theory of Value (1933), *Journal of Post Keynesian Economics*, 3(4), 568-585, 1981.

第 4 章

市場均衡とその効率性

第1節　需要と供給

1　市場の需要曲線

　財やサービスといった資源（財）をそれらを求める者に配分するには、いくつかの方法がある。たとえば、その者たちを1カ所に集め、早く並んだ順に配分するという行列や、同じくその有限な財を求める者の中からランダムに当選者を決め、割り当てるという抽選などである。経済がどのような資源配分の方法を採用しようとも、それは誰がどのような生産要素を用いてどのようにしてその財を作り（供給）、それらを求める者にどのようにして流通、配分するのか（需要）が明確にわかるような機能を有していなければならないが、最も単純かつ効率的と考えられている資源配分方法の一つが、市場である。これは、消費者と供給者の間での自発的な財の取引が行われる場を指す。資本主義経済では市場取引が至るところで採用されているが、これは、多くの財の取引において、後述するように市場が社会的に望ましい結果をもたらすことが期待されているからである。

　今、ある財Aを取引する市場で一人の消費者iに対する仮想の聞き取り調査を行うとする。内容は、その財の特定の価格Pにおける希望消費量x_iを申告してもらい、その後価格を引き下げていき、同じく各々の価格に対しての希望消費量を申告してもらうというものである。表4-1が、その結果をまとめたものであり、需要表と呼ばれる。表を見ると、1単位あたりの価格が1000のときは0単位、900では1単位、500では5単位消費するということが

表4-1　需　要　表

価格P	1,000	900	800	700	600	500	400	300
消費量x_i	0	1	2	3	4	5	6	7

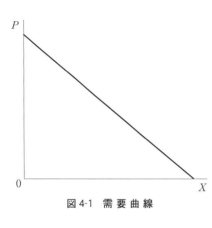

図4-1　需　要　曲　線

わかる。市場全体では多数の消費者が存在し、各価格に対する各々の希望消費量を加えていくと、各価格における市場全体の消費量が明らかになる。これらを用いて、縦軸に価格P、横軸に消費量X（$=x_1+x_2+x_3+\cdots\cdots$）を取ると、図4-1のような市場全体の**需要曲線**（demand curve）が形成される。多くの場合、価格が低下すると市場全体の消費量は増加し、価格が上昇するとそれは減少する。この性質は需要法則と呼ばれ、需要曲線が右下がりであることを意味する。

2　市場の供給曲線

　今度は、財Aの供給者jに対する仮想の聞き取り調査を行うとする。内容は、その財の特定の価格における供給可能量x_jを申告してもらい、その後価格を引き上げていき、同じく各々の価格に対しての供給可能量を申告してもらうというものである。表4-2がその結果を示した供給表である。

　この表によれば、たとえば価格が0のときはまったく供給を行わず、価格が100であれば1だけ供給を行い、価格が500であれば5だけ供給を行うということがわかる。消費者にとっての価格とは支出額であるため、多くの場合

表4-2　供　給　表

価格P	0	100	200	300	400	500	600	700
供給量x_j	0	1	2	3	4	5	6	7

その上昇により消費量は減少していくが、供給者にとっての価格とは財1単位から得られる収入であるため、その上昇により供給可能量は増加するのである。

　市場全体では財Aの供給者がほかにも存在し、各価格に対する個々の供給可能量を加えていくと、各価格における市場全体の供給量が明らかになる。これらを用いて、縦軸に価格P、横軸に供給量X（$=x_1+x_2+x_3+……$）を取ると、図4-2のような市場全体の**供給曲線**（supply curve）が形成される。多くの場合、価格が上昇すると市場全体の供給量は増加し、価格が低下するとそれは減少する。この性質は供給法則と呼ばれ、供給曲線が右上がりであることを意味する。

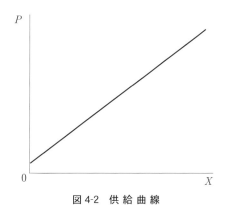

図 4-2　供 給 曲 線

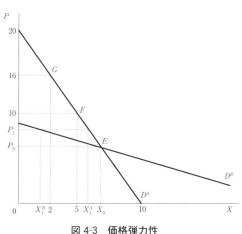

図 4-3　価格弾力性

3　需要の価格弾力性

　市場の需要曲線または供給曲線が特定されると、価格が1％変化することで消費量や供給量が何％変化するのかが明らかになる。この概念を価格弾力性と呼ぶ。ここでは需要曲線を例に取り、**需要の価格弾力性**（price elasticity of demand）について考えよう。

　図4-3は、ある2つの財A、Bの需要曲線を同時に表したものである。両者の需要の価格弾力性を比較するために、曲線の交点Eを起点とした価格変

化を考えてみよう。市場価格が P_0 から P_1 に上昇すると、財 A の消費量は X_0 から X_1^A に減少し、財 B の消費量は X_0 から X_1^B に減少する。よって、同じ価格変化に対して財 A よりも財 B の方が大きな消費量の変化が見られるため、財 A よりも財 B の方が弾力的であるといえる。需要法則を満たしている財の需要の価格弾力性の絶対値は、

$$-\frac{消費量の変化率}{価格の変化率} = -\frac{\left(\dfrac{変化後の消費量-変化前の消費量}{変化前の消費量}\right)}{\left(\dfrac{変化後の価格-変化前の価格}{変化前の価格}\right)}$$

により算出され、この値が1を上回っていれば弾力的、1であれば中立的、1を下回っていれば非弾力的と判定される。たとえば、リンゴ市場における先月の1単位あたりの平均価格が50円、消費量が2万単位であったが、今月には平均価格が60円、消費量が1.8万単位に変化したとすると、この期間の需要の価格弾力性は $-[(1.8-2)/2] \div [(60-50)/50] \approx 0.50$ となり、非弾力的と判定することができる。

　なお、価格弾力性は1本の需要曲線上の特定の点においても計測される。価格弾力性の計算式を変形すると、

$$-\frac{消費量の変化量}{価格の変化量} \cdot \frac{変化前の価格}{変化前の消費量}$$

となるが、（消費量の変化量/価格の変化量）とは直線の傾きの逆数を指しており、（変化前の価格/変化前の消費量）は特定の点における価格と消費量の比を指している。再び図4-3を用いると、需要曲線 D^A（直線）の傾きは $-20/10 = -2$ であるから、点 F における価格弾力性は $-[(1/(-2)] \cdot (10/5) = 1$、点 G では $-[(1/(-2)] \cdot (16/2) = 4$ となる。すなわち、同じ需要曲線上でも、計測する点が異なれば価格弾力性の値は異なり得る。需要曲線が直線の場合、価格弾力性の絶対値は右下の点ほど小さく、左上の点ほど大きくなる。

4　曲線のシフト

　ある財の価格ないし取引量以外の要因の変化、すなわち需要曲線や供給曲線の縦軸と横軸以外の指標の変化は、曲線そのものをシフトさせる。たとえば「トマトは栄養価が高い」といった情報が消費者にインプットされれば、消費者のトマトに対する消費意欲は高まるだろう。これは特定の価格においてではなく、あらゆる価格において起こるので、トマト市場の需要曲線が右にシフトすることを意味する。消費者の所得水準が上昇するといった状況においても、同じ現象が起こる。第2章で学習したように、各消費者の消費行動には予算制約、すなわち支出額は所得を超えられないという制約がつきまとうが、所得水準が上昇することで、この制約が緩み、消費者は任意の価格における消費量を増やし、支出額を高めることができるようになる。これも需要曲線を右にシフトさせる。反対に、財の消費意欲を低下させるような事象が起これば、需要曲線は左にシフトする。その他、人々の嗜好や流行の変化、将来に対する景気予想、人口の増減などの要因によっても、需要曲線はシフトすると考えられる（図4-4左）。

　一方、供給者の供給能力を変化させるような要因は、供給曲線をシフトさせる。たとえば、台風などの自然災害によって農作物の供給者の供給能力は低下すると考えられるが、これは、ある農作物の任意の価格に対する供給量

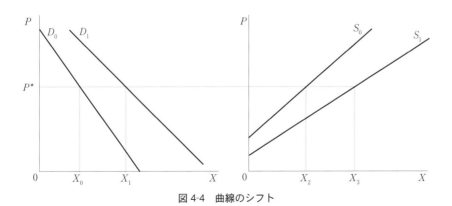

図4-4　曲線のシフト

が減少することを意味するため、その市場の供給曲線は左にシフトすることになる。反対に、ある農作物の生産効率を高めるような技術革新（イノベーション）がもたらされれば、供給者の供給能力が高まり、任意の価格に対する供給量が増加する結果、供給曲線は右にシフトするであろう（図4-4右）。

第2節　価格の形成

1　価格の役割

　私たちがデパートやインターネット上で何らかの商品を見かけたとき、買うか買わないかを決定する判断材料として、価格は重要な役割を果たす。たとえば、趣味品や、家電や自動車などの耐久消費財に対しては品質と価格の比較に時間をかけるだろうし、日常品においては価格そのものを基準にして、いくつ買うのかという判断を下すことも多いだろう。また、私たちが価格変動を認識することや価格交渉をすることが可能であるならば、いつそれを買うのかということにも影響を与える。さらには、価格によりその財やサービスに対してのイメージや情報といったものを類推することもできる。

　価格は消費者と供給者に対して対照的なものとして目に映る。消費者にとっては、どの財を買うか、どのくらい買うか、いつ買うかといった判断要因として働くため負担を表す一方、供給者にとっては、財をいつ、どれくらい供給するかの判断基準になる。すなわち、消費者から受け取る収入であることを意味する。市場全体で考えたとき、多数の消費者個々の消費行動と供給者個々の供給行動の結果により価格調整が行われ、私たちの目に映る価格として現れるのである。

2　価格の調整過程

　それでは、価格調整とは具体的にどのように行われるのであろうか。図4-5を見よう。これはある市場の需要曲線と供給曲線を同時に示したものであるが、点 E が**市場均衡**（market equilibrium）、すなわち消費量と供給量が

一致することを示す点であり、この点における価格 P_0 を均衡価格と呼ぶ。価格調整とは、均衡価格以外の価格が与えられたときに、市場に超過供給が発生すると価格が低下し、超過需要が発生すると価格が上昇することを指している。まず、価格が P_1 のときを考えてみよう。これは、P_0 よりも大きい任意の価格を指す。このときは消費量

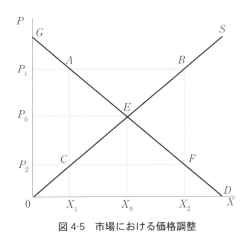

図 4-5　市場における価格調整

が X_1、供給量が X_2 なので、線分 AB の分だけ超過供給、すなわち供給者にとっての在庫が発生している。個々の供給者にはこの売れ残りを解消すべく、価格を下げて消費を喚起しようとする誘因（インセンティブ）が働く。すなわち、市場では価格が低下する。

　次に、価格が P_2 のときを考えてみよう。これは、P_0 よりも小さい任意の価格を指す。このときは消費量が X_2、供給量が X_1 なので、線分 CF の分だけ超過需要、つまり品不足が発生しており、個々の供給者には価格を上げて消費者を市場から退出させることにより、品不足を解消しようとする誘因が働く。よって、市場では価格が上昇する。以上の考察により、市場価格は均衡価格に収束することがわかる。このような調整過程を**ワルラス的調整過程**（Walrasian adjustment process）と呼ぶ。

　なお、価格調整のメカニズムはそのような直接的なもの以外に、取引量の調整を通じて間接的に行われる場合もある。再度、図4-5を見よう。今、市場での財の取引量が X_1 であるとする。このとき、需要曲線の高さは横軸から点 A までの高さで示され、供給曲線の高さはそれよりも低い点 C までの高さで示されている。次節で触れるが、これは消費者価格（消費者が支払える最大限の単価）が供給者価格（供給者が受け取りたいと考える最低限の単価）を上回っていることを意味しており、この取引量の時点では供給者はさらに供給

量を増やし供給者価格を高めても、その供給量を売りきることができるため、供給量を高める誘因をもつ。財の取引量がX_2ではどうか。このときは、供給者価格が消費者価格を上回っているため、この供給量を売りきるためには需要曲線に沿った価格設定を行う必要があるが、このときは供給者にかかる費用が収入を上回ることになり、供給者は一種の赤字状態になる。よって供給者は供給者価格を低下させ、消費者価格を高めることでこの赤字を縮小しようとするので、供給量を減らす誘因をもつ。以上の考察により、市場取引量が均衡における取引量に収束するため、市場価格も均衡に収束することがわかる。このような調整過程を**マーシャル的調整過程**（Marshallian adjustment process）と呼ぶ。

3　市場メカニズム

　市場メカニズムとは前項のワルラス的調整過程やマーシャル的調整過程を指している。たとえばワルラス的調整過程では、市場での個々の経済主体の行動の結果、価格が決定され、価格の変化で需要と供給が調整される。すなわち価格により稀少な財の余剰や不足が解消されるのである。これは、経済において、価格が稀少性を有する資源を配分する重要な役割を果たしていることを意味する。そして、資本主義におけるこのメカニズムは、あらゆる市場において自動的に最適な価格や数量に到達し得るという意味で、消費者と企業の自由な取引が効率的な資源配分をもたらすことを示唆している。この点については次節で説明する。さらに、社会環境の変化とともに移り変わる需要と供給に対して市場メカニズムが働くのであれば、新たな市場の誕生や衰退、一国の産業の移り変わりの大きな要因になっているともいえるのである。

第 3 節　完全競争市場と均衡の効率性

1　消費者余剰

　表 4 - 1 は、財の価格が与えられたときの消費者 i の消費量を表していた。たとえば、財の価格が900のとき 1 単位だけ消費し、800であれば追加的 1 単位消費するという読み方である。このように価格が下がると追加的消費が起こる理由は、消費者にとって 1 単位あたりの価格は追加的 1 単位への支払いに対する負担を表しているからである。すなわち、価格が下がったことによって追加的 1 単位に対する負担が減ったため、追加消費を行う余裕が生まれたのである。いいかえると、追加消費を行うためには、消費者の負担が小さくなる必要があり、価格とは、消費者の負担（支払意思額）を貨幣価値として表現している尺度であるといえる。よって表 4 - 1 は、「消費者 i は最初の 1 単位に対しては900の支払意思額をもっているが、追加的 1 単位に対しては800の支払意思額をもっており、さらに追加的 1 単位に対しては700の支払意思額をもっている」というように、追加消費と支払意思額の関係を示したものと読み替えることができる。したがって図 4 - 1 は、任意の消費量（横軸）を与えたとき、市場ではその追加的 1 単位に対してどのくらいの支払意思額（縦軸）が発生しているのかを表すグラフでもあることがわかる。

　表 4 - 1 を上記のように読み替えるとき、価格には 2 とおりの意味があることがわかる。すなわち、価格は消費者の支払意思額を表す値である一方、実際の市場価格を表す値にもなり得るということである。表 4 - 1 において、財の市

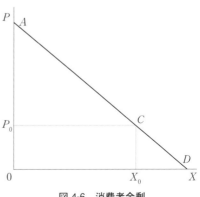

図 4-6　消費者余剰

場価格が600であったとしよう。この消費者は4単位を消費するとわかるが、重要なのは、どの追加消費においても市場価格は600で変化しないが、支払意思額は、3単位目から消費を追加的1単位増やしたときだけ600となるのであって、それ以前の追加消費においては、600より大きな値であったということである。たとえば、2単位目から1単位追加したときは700の支払意思額があったため、その瞬間は市場価格600との差分である100だけ得をしているということである。同様に、1単位目から1単位追加したときは200だけ得をしている。このように、任意の追加消費における支払意思額と市場価格との差分を純効用と呼び、その値が正である限り消費者は追加消費を行う。追加消費が停止するまでに蓄積された純効用、すなわち純効用の総和を**消費者余剰**（consumer surplus）と呼ぶ。表4-1で市場価格が600であれば、消費者余剰は $(1000-600)+(900-600)+(800-600)+(700-600)+(600-600)$ $=1000$ となるが、一般的にはこのように離散的ではなく、連続的な蓄積物として扱われる（図4-6）。市場価格が P_0 のとき、純効用が連続的に蓄積された結果、消費者余剰は $\triangle AP_0C$ として現れる。

2　生産者余剰

　表4-2は通常、価格が100であれば企業は1だけ供給し、価格が200であれば2だけ供給するという読み方をするが、前項と同様、別の読み方をすることができる。すなわち、企業が1だけ供給を行うのであれば、その1単位を供給することに対して100の負担を強いられており、追加的1単位を供給するのであれば、2単位目には200の負担を強いられるといった読み方である。このように、追加的1単位の供給に対して発生する企業の負担を**限界費用**（marginal cost）と呼ぶ。よって表4-2は、追加供給と限界費用の関係を示したものと読み替えることができる。追加供給のたびに限界費用が増加していくという事象の背景には、労働力や機械設備などを投入することで最初の1単位は容易に供給できるが、追加的にそれらを投入していくと、供給量自体は増えても、その増え方（限界生産性）は次第に小さくなるという性質が反映されている。

　表4‐2において、価格が600で
あったとする。この価格は供給者が
財を追加的1単位供給すると獲得で
きる収入であるから、追加的収入、
ないし限界収入と呼ぶことができる。
今、供給量が1であったとすると、
企業は100だけ限界費用を負うこと
になるから、企業は1単位目から追
加的1単位の供給を行おうとすると、
600−100＝500だけ追加的な利潤、

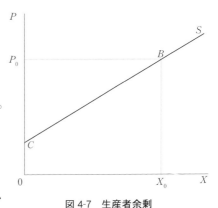

図4-7　生産者余剰

ないし限界利潤を得ることができる。供給量が2であれば、限界利潤は400
である。限界利潤が正であることは、企業は追加供給を行った方が利潤を高
められることを意味するので、企業は追加供給を行う誘因をもつ。追加供給
は限界利潤が負にならない限り続くので、表4‐2では最終的な供給量は6
となる。

　追加供給が停止するまでに蓄積された限界利潤の総和は**生産者余剰**
(producer surplus) と呼ばれ、表4‐2の数値では $(600−0)+(600−100)+$
$(600−200)+(600−300)+(600−400)+(600−500)+(600−600)=2100$ となる。
限界利潤（＝価格−限界費用）の総和が生産者余剰であるということは、生産
者余剰は価格の総和（＝収入）から限界費用の総和を引いたものであるとい
いかえることができる。限界費用の総和は可変費用と呼ばれ、当該供給量ま
での供給曲線の下側の面積を表している。したがって、図4‐7では収入
$P_0 0 X_0 B$ から可変費用 $C 0 X_0 B$ を差し引いた $\triangle P_0 C B$ を指している。

3　社会的余剰

　市場に参加している消費者の支払意思額の集合としての需要曲線から得ら
れる消費者余剰は、各消費者が財に対する限界的な評価と支払金額を比較し
取引した結果、市場より獲得した利益であり、社会にとっての便益となる。
同様に生産者余剰も、各供給者の限界費用と限界収入を比較し取引した結果、

供給者が市場から獲得した利益であり、やはり社会的な便益である。消費者余剰と生産者余剰の合計は**社会的余剰**（social surplus）と呼ばれる。

　社会的余剰は、課税や規制などの公共政策や、後述する寡占市場の影響を受けることによっても変化する。社会的余剰の増加（減少）は社会的損失の減少（増加）を意味しているため、市場成果を評価するうえでは社会的余剰の大きさが関心の対象となるであろう。ただし、消費者や供給者ごとの資源配分にも関心が向けられる場合は、たとえ消費者余剰が増えても、生産者余剰が減少しているのであれば、その経済政策は生産者から反対されるであろう。よって、余剰を分析する際は、社会的余剰に加え、消費者余剰と生産者余剰個々の変化にも注意する必要がある。

4　資源配分の効率性

　市場において価格調整が行われた結果、消費量と供給量が一致するが、このとき、最も効率的な資源配分が達成される。これを図4-5を用いて説明しよう。均衡点Eにおける消費者余剰は$\triangle GP_0E$、生産者余剰は$\triangle P_0 0E$なので、その合計である社会的余剰は$\triangle G0E$となる。

　それでは、政府による価格規制などにより、価格がP_1に固定されている場合はどうであろうか。この場合、市場での供給量はX_2である一方、消費量はX_1である。すなわち、$X_2 - X_1$は超過供給であり、供給可能ではあるが消費者からは要求されていないため、市場における取引量は消費量であるX_1となる。よって、消費者余剰は$\triangle GP_1A$となる。一方、供給者にとっては、任意の供給量Xから追加的1単位を供給するときに得られる収入P_1とその供給にかかる費用であるXにおける供給曲線の高さの差分が限界利潤となり、それがX_1まで発生するので、生産者余剰は台形$P_1 0CA$となる。よって、社会的余剰は台形$G0CA$となる。これは均衡点Eにおける社会的余剰よりも$\triangle ACE$の分だけ小さい。このような社会的余剰の減少分は**死荷重**（dead weight loss）と呼ばれる。

　それでは、価格がP_2である場合はどうであろうか。今度は、市場での消費量はX_2となる一方、供給量はX_1であるため、$X_2 - X_1$だけ超過需要が発

生する。この分は供給不可能であるため、取引量は X_1 となり、生産者余剰 $\triangle P_2 0C$ および消費者余剰 GP_2CA が定まる。よって社会的余剰は台形 $G0CA$ となるので、このときも $\triangle ACE$ だけ死荷重が発生する。これらの考察により、市場における均衡では社会的余剰が最大化されることがわかる。このような意味で、市場均衡では効率的な資源配分が達成される。この特性は厚生経済学の基本命題と呼ばれる。

第4節　完全競争市場と不完全競争市場

1　完全競争市場の条件

前節までの分析は、**完全競争市場**（perfect competition market）を前提としていた。完全競争市場とは、次の4つの条件をすべて備えている市場を指している。一つ目は、市場で取引される財が同質であることである。二つ目は、無数の消費者と供給者が存在することである。三つ目は、情報が完全であることである。四つ目は、参入および退出が自由であることである。これらの条件下では、市場の参加者は**市場支配力**（market power）、すなわち市場価格に対する影響力をもたず、市場価格を所与として取引することになる。このような経済主体を、**プライス・テイカー**（price taker）と呼ぶ。第2節で説明したように、完全競争市場では価格調整過程の結果、需要曲線と供給曲線が交差する均衡価格が市場価格となるため、プライス・テイカーは均衡価格を所与とすることになる。すなわち、完全競争市場では効率的な資源配分を達成する価格が当初より与えられており、市場参加者はそれを変更する能力をもたないため、必然的に効率的な資源配分が達成されることになる。

2　不完全競争市場

完全競争市場とは上述のように4つの条件をすべて満たす市場を指すが、1つでも満たされない条件がある場合、市場は**不完全競争市場**（imperfect competition market）となる。たとえば、供給者の数に注目すると、市場の形

態は独占（供給主体の数が１）、寡占（供給主体の数が少数）、独占的競争（供給主体の数は多数だが製品差別化がなされていることにより供給者が市場支配力をもつ）のように分類できる。不完全競争市場における供給者は**プライス・メイカー**（price maker）となり、価格を直接的に設定したり、供給量を設定することなどで間接的に設定することができる。このとき、需要曲線が供給者にとっての価格設定の基準線となる。需要曲線とは第１節で見たように、任意の消費量と支払意思額の組み合わせを示す右下がりの曲線であるが、完全競争市場では市場価格は消費量にかかわらず一定であるため、どのような供給量を設定しようとも、供給者には消費者の支払意思額は一定であると判別されてしまう。すなわち、完全競争市場に限っては、供給者にとって需要曲線は市場価格を表す水平線となる。これに対して、不完全競争市場では任意の供給量に対応した支払意思額まで供給価格を吊り上げることが可能であり、それが市場価格として形成されるため、供給者にとって需要曲線は本来の右下がりの曲線となる。

１）独　　　占

供給者が１者である市場は売り手独占、消費者が１者である市場は買い手独占と呼ばれるが、ここでは前者を**独占**（monopoly）と定義し、完全競争と比べてどのような市場成果が達成されるのかを考えてみよう。例として、あ

表 4-3　独占企業の供給および収支

供給量	価格	収入 （万）	限界収入	総費用 （万）	限界費用	利潤 （万）
0	5,000	0	－	100	－	－ 100
500	4,500	225	4,500	150	1,000	75
1,000	4,000	400	3,500	200	1,000	200
1,500	3,500	525	2,500	250	1,000	275
2,000	3,000	600	1,500	300	1,000	300
2,500	2,500	625	500	350	1,000	275
3,000	2,000	600	－ 500	400	1,000	200
3,500	1,500	525	－ 1,500	450	1,000	75
4,000	1,000	400	－ 2,500	500	1,000	－ 100

る財を独占的に供給している企業が、需要関数 $P = 5000 - X$、費用関数 $C(X) = 1000X + 100$万に直面しているとしよう（P：価格、X：供給量）。表 4 - 3 は、この企業が供給量を500単位ずつ高めていく際の価格、収入、限界収入、総費用、限界費用、および利潤を示している。

　供給量と価格の和が一定なので、供給量が高まるにつれ価格は低下する。すなわち、供給者は供給量を高めようとすれば価格を下げざるを得ないというジレンマに直面する。よって、供給量を高めるとはじめは収入（＝供給量と価格の積）が増加していくが、供給量が2500を境に減少し始める。これは、収入関数 $PX = (5000 - X)X$ が $X = 2500$ を軸にした上に凸の二次関数であることからも確認できる。**限界収入**（marginal revenue）とは、供給量を追加的 1 単位増やしたときの収入の増加分を指す。たとえば、供給量を 0 単位から500単位に増やすと収入は225万増えるので、供給量 1 単位あたりの収入の増加分は225万÷500＝4500となる。総費用は、費用関数に任意の供給量を代入することで求められる。限界費用は、供給量を追加的 1 単位増やしたときの総費用の増加分を指す。ここでは総費用は追加的500単位に対して50万ずつ高まるので、限界費用は1000で一定となる。

　利潤は収入から総費用を引くことで求められる。この表では利潤が最大になるのは $X = 2000$ のときであるとわかるが、これは次のように求められる。一つは、利潤関数 $PX - C(X) = (5000 - X)X - (1000X + 100$万$)$ を $-(X - 2000)^2 + 300$万のように変形したり、微分して 0 とおくことにより最大値を取る供給量を求めるという手法である。もう一つは、限界利潤という概念を用いることである。第 3 節で学習したように、限界利潤とは限界収入と限界費用の差を示しており、これが正であることは、追加的 1 単位供給量を増やすことにより利潤が高まることを意味する。反対に、これが負であるならば、追加的 1 単位供給量を増やすことにより利潤が低下することを意味する。よって、利潤が最大になる条件とは、限界収入と限界費用が一致することにほかならない。表 4 - 3 においては供給量が2000単位と2500単位の間にこれらが平衡する状態があるとわかる。供給量500単位を 1 セットとすると、供給量が2000単位に達したとき利潤が最大化される。

2）寡　　占

　現実的には、多くの市場においては複数の企業が競争を展開している。ま
た、完全競争市場の一つ目の条件である、完全に同質的な財が取引される市
場を一つの市場とする見方も改めるべきである。たとえば、ミネラルウォー
ターを製造している企業の競争相手には別のミネラルウォーター製造企業の
みではなく、お茶などを製造する企業も含めるのが自然である。このような
意味で、市場とは少なからず独占的競争市場を指しており、独占と完全競争
の中間的な存在と考えられる。よって独占的競争は**寡占**（oligopoly）の一種
である。寡占市場を分析するうえでは、同質財を供給する少数の企業、端的
には2者の競争（複占）をモデル化するのが第一歩である。これにより、製
品差別化という問題を避け、2者による戦略的相互依存関係にのみ照準を絞
ることができる。そして、この戦略的相互依存関係を分析するために有効と
なる手法が、**ゲーム理論**（game theory）である。

　ゲーム理論は、市場に参加するプレーヤーが互いの戦略を読み合った結果
（たとえば、ナッシュ均衡と呼ばれる平衡状態）を数学的に記述しようとする分野
である。ゲーム理論の枠組みで寡占市場を分析する際は、各企業は戦略変数
として価格を選ぶか供給量を選ぶか、戦略変数を相手より先に選ぶか後で選
ぶか、あるいは、戦略変数を相手と独立して選ぶか結託して選ぶかのような
設定を設けることが可能であり、対象となる財や市場に即した状況を分析す
ることが可能となる。たとえば、複占市場における企業が独立かつ同時に数
量選択をする場合のナッシュ均衡価格は、それらが独立かつ同時に価格選択
をする場合のナッシュ均衡価格と比べて高くなる。すなわち価格競争の方が
数量競争よりも競争的な帰結をもたらすことが示される。完全競争市場や独
占市場で見た単純な結果とは対照的に、寡占市場では、設定に応じた多様な
結果が得られる。

3　市場の失敗

　寡占市場の余剰分析をしてみよう。ここでは端的な例として、本節の独占
市場の例を用いる。独占市場が完全競争市場と決定的に異なるのは、完全競

争市場では需要曲線と限界費用
曲線が交差する点において供給
量が決定される一方、独占市場
では限界収入曲線と限界費用曲
線の交点において供給量が決定
されるということである。企業
が供給量を追加的 1 単位増加す
ると、収入に関して 2 つの効果
が生まれる。一つは追加後に対
応する価格が収入として上乗せ
されることであり、もう一つは、

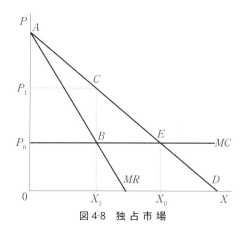

図4-8　独占市場

追加することにより価格が低下することである。前者の効果は需要曲線その
ものを指しているが、これに後者のマイナス効果が加わることにより、限界
収入曲線は必ず需要曲線の下方に位置することになる（図4-8）。

　これと限界費用曲線の交点で利潤最大化を達成する供給量が決定されるた
め、独占均衡における供給量X_1は完全競争均衡における供給量 X_0 よりも小
さくなる。そして独占価格は需要曲線に沿って決定されるので、独占価格
P_1 は競争価格 P_0 よりも高くなる。この結果、独占市場における消費者余剰
は△AP_1C、生産者余剰はP_1P_0BC となり、社会的余剰はAP_0BCとなる。完
全競争市場における社会的余剰は△AP_0E であるので、独占市場では△
CBEだけ死荷重が発生していることがわかる。寡占市場においては、多く
の場合このように死荷重が発生することが知られている。すなわち、寡占市
場の場合、供給者と消費者の間での自由な取引に委ねると、完全競争市場の
ときの社会的余剰が達成されなくなるという状況が生まれる。市場取引は本
来、効率的な資源配分をもたらし得るが、取引を市場に委ねることによって
却って非効率な資源配分が達成されてしまう状況は**市場の失敗**（market
failure）と呼ばれ、寡占市場は市場の失敗を生み出す一つの例である。完全
競争市場のどの条件が崩れても、市場の失敗を生み出し得る。一つ目の同質
財の仮定がなくなることは財が差別化されていることを意味し、独占的競争

の状況となるため、先述の寡占的状況となる。

　二つ目の消費者数や供給者数が無数であるという条件のうち、売り手の数が無数であるという条件が満たされていない例として、寡占市場のほかに、**公共財**（public goods）の供給があげられる。公共財とは、一般的に、消費における非競合性と排除不可能性を満たす財と定義される。前者は、ある人の財の消費が他人による同じ財の消費を妨げないという性質を指し、後者は、ある特定の人を対価を支払わないからといった理由で消費から排除することが技術的・物理的に不可能であるという性質を指す。公共財の例として、街灯や渋滞していない一般道路などがあげられる。これらは、その性質から多くの消費者が一度の供給にタダ乗りできるようになり、過少供給になる。また、消費者数や供給者数が多数であっても、**外部性**（externality）、すなわち、ある経済主体の消費や供給という経済活動が、価格という媒体を経ずに他の経済主体の効用や利潤に影響を与える状況を考慮した場合、市場は非効率になる。水田の供給は米の生産者や消費者に影響を与えるだけでなく、付近を散歩する人が借景として田園風景を楽しむことができるという意味で、正の外部性をもたらす。公共財は正の外部性の極端なケースといえる。一方、受動喫煙や大気汚染物質を伴う生産活動は、人々に負の外部性をもたらす。ガソリン車の生産に際して、企業が大気汚染という負の外部性を反映した社会的限界費用曲線ではなく、その右側に位置する私的限界費用曲線に沿って供給量を決定しようとする結果、均衡取引量は社会的に最適な水準よりも過剰になってしまうのである。

　三つ目の情報に関する条件が失われるとどうなるだろうか。完全情報とは消費者も供給者も取引される財や市場参加者についてあらゆる情報をもっていることを指すが、**不完全情報**（imperfect information）とは、この仮定が満たされないことを指す。例として民間企業によって供給される医療保険の市場を考えてみよう。保険会社は安定的に保険料を払い続けてくれる健康な人に加入してほしいと考えるはずであるが、健康な人と不健康な人を判別することができないという不完全情報に直面している。一方、潜在的な加入者は自分が健康か不健康かを知っているとしよう。すると、健康な人は保険料を払

い続けるばかりで長らく保険金など支給されないことを予期し、保険加入に
消極的になるのに対し、不健康な人は遠くない将来保険金の支給対象者にな
る可能性を予期し、積極的に加入するだろう。やがて、保険会社は既存加入
者が高確率で病気を発症することを知り、不健康な人を加入させないように
高めの保険料を設定するであろうが、この保険料の設定によって健康な人は
より一層加入に消極的になるという逆選択と呼ばれる現象が生じる。この結
果、支払意思額の高い不健康な人以外、誰も保険に加入しようとしなくなり、
保険市場の取引量は過少になる。すなわち、保険市場が機能しなくなる。

　最後の四つ目の参入および退出が自由であるという条件が満たされなくな
る例としては、電力、ガス、水道、通信、鉄道などの費用逓減産業、すなわ
ち設備敷設のために巨額の固定費用がかかり、生産規模を拡充するほど平均
費用が小さくなる産業があげられる。このような産業では既存企業が潜在的
参入企業よりも費用負担の面で優位に立てるため、新規参入が進まない**自然
独占**（natural monopoly）となる。自然独占は独占の一種であるため、図 4 - 8
で説明したような死荷重が発生するという意味で市場の失敗といえる。

　そこで政府の役割として、市場の失敗を回避することが求められる。まず
寡占市場の問題に対しては、独占禁止法および競争当局を設置することによ
り、独占企業の形成やカルテル・入札談合など企業による競争制限行為を防
ぐ必要がある。次に公共財を含めた正の外部性に対しては、政府支出を拡充
し供給量を増やすことが求められる。また、負の外部性に対しては、汚染物
質を伴う財の供給量を削減するために環境税を課すことや、環境規制を行う
ことが求められる。さらに不完全情報の問題に対しては、保険市場の例でい
えば加入が任意であることが大きな原因であるため、供給者を民間企業では
なく政府とすることで、社会保険という形で国民に強制加入させることが考
えられる。そして市場が自然独占の場合、独占を維持した方が社会的な総費
用を抑制できるので、参入規制を行うのが望ましいが、既存企業が市場支配
力を発揮し過ぎないような、しかし市場支配力を過度に抑制し唯一の供給主
体を市場から退出させないような適切な価格規制も同時に求められる。

コラム：企業結合と市場の効率化

　合併や資本提携などの企業結合は、市場を寡占化して死荷重を増大させ得る一方、供給にかかる費用を低下させ、市場を効率化させる可能性もある。ではどのようなときに効率化が期待できるのだろうか。例として自動運転車市場を考えよう。今、ある企業が巨額の投資の末、革新的な自動運転技術を開発したとする。この開発費用は車の供給台数に依存することなく発生するので、固定費用である。これは供給者個々にかかる費用なので、企業結合をすることで回避できる。よって、他の企業は結合をもちかける誘因をもつ。

　また、そのような技術は乗用車であれトラックであれ、自動運転技術を搭載するあらゆる車両に適用できるであろう。このように複数の種類の財に横断的に投入できる費用を結合費用と呼ぶ。なお、財固有に発生する費用を特定費用と呼ぶ。特定費用は財の種類に応じて加算される一方、結合費用は一定のため、総費用に占める結合費用の割合が大きければ、他の企業と結合することで総費用を節約できる。企業結合は製造業や銀行など一般企業のほか、病院や大学の統合、市町村合併など様々な組織体・規模で見られるが、その背景には固定費用や結合費用の大きさがうかがえる。

○引用・参考文献

石井安憲ほか『入門・ミクロ経済学』有斐閣、1996年。

井堀利宏『入門ミクロ経済学（第3版）』新世社、2019年。

ヴァリアン, H. R. 著、佐藤隆三監訳『入門ミクロ経済学（原著第9版）』勁草書房、2015年。

大淵三洋・芹澤高斉編著『基本経済学』八千代出版、2018年。

スティグリッツ, J. E.・ウォルシュ, C. E. 著、藪下史郎ほか訳『スティグリッツミクロ経済学（第4版）』東洋経済新報社、2013年。

竹内健蔵『ミクロ経済学って大体こんな感じです』有斐閣、2019年。

柳川隆ほか『セオリー＆プラクティス経済政策』有斐閣、2017年。

Png, I. P. L., *Managerial Economics*, 6th edition, Routledge, 2022.

第 5 章

金融とその役割

　資本主義の経済システムでは各経済主体（家計、企業、政府）が経済活動を行っており、その経済活動をスムーズに仲介するものがお金（貨幣）である。この章ではお金とそれを融通する機能を果たす金融についてその役割を解説する。

第1節　金融とは何か

　金融とはお金を融通することであり、融通するとは滞りなく通じること、必要な物や金を都合することである。現代の資本主義社会ではお金が流通し、それを使用することにより経済活動を行うことが容易となっている。このお金が登場する以前の社会では、物々交換が取引の基本であった。物々交換は以下の2点において非常に不便であった。

　①　相手が自分のもっているものと交換を申し出たとしても、相手の持ち物に自分が必要とするものがなければ（欲望の二重の一致）、取引が成立しないこととなる。また、その逆も同様に交換の機会が限定されてしまう。しかし、お金は誰しもが受け取る（一般受容性がある）ため、相手の持ち物とお金の交換により、容易に取引を行うことができる。また、お金は食料などと違い保存期間がほぼ無限であることから、そのほかの取引にも使用することができる。

　②　物々交換では距離的に離れた相手との取引が困難であるため、経済活動の範囲が限定されてしまう。この点についてはインターネットの普及から、現在ではかなりスピーディーな取引が可能となっている。その仲介となるものもやはりお金である。

このように経済活動において重要な役割をもつお金は「金融」と呼ばれるお金を融通する役割をもっている。これは資金に余裕がある経済主体から資金を必要とする経済主体に資金を融通することである。その際に、資金に余裕がある家計や企業はその資金を2とおりの方法で融通する。一つは銀行や信用金庫などの金融機関を通じて、もう一方はそれらの金融機関を通さずに直接融通する方法である。これについては第4節の金融市場の種類で詳しく述べる。「金融」は経済と非常に密接な関係をもっており、この動きを見ることによって、経済の実態を把握することができる。この「金融」というシステムにおける資金の貸し借りは、いいかえれば時間を超えた交換取引を可能にしたということになる。たとえば、現在資金不足であっても、クレジットやローンなどで将来の消費と引き換えに現在の消費を行うことができる。しかしながら、このような方法で資金不足の現在に過剰に消費を行うことは、将来の消費を著しく減らすことになるため注意が必要である。

このように「金融」は資金をスムーズに流れさせ、また、融通させることによって、経済活動を活発にし、促進させる役割を担っているため、「経済の潤滑油」とも呼ばれ、経済の発展には必要不可欠なものとなっている。

第2節　貨幣の役割と分類

1　お金の機能と種類

前節で物々交換は不便であることを述べたが、その後登場したお金の例としては貝、家畜、穀物、たばこ、貴金属などがあげられる。そして、さらにそれらのお金は貴金属へと収斂していった。それは貴金属のもつ耐久性、需給の安定性、同質性、分割可能性、運搬可能性などの性質が貨幣として使われるのに適当であったからである。その中でも耐久性、同質性を重視した結果、お金は貴金属、特に金が中心となっていったのである。金は現在でもその安定した価値から、財産保有の一形態としての役割を担っているが、当時は金貨というようにお金として世界的に流通をしていた。なお、貨幣1単位

に含まれるべき金の重量を決め、それを維持するのが**金本位制**であり、そのような金貨を本位貨幣という。お金として見た場合と商品として見た場合に同じ価値である場合、その貨幣を商品貨幣という。また、逆に貨幣として見た場合の方が商品として見た場合より価値が高ければ、そのような貨幣を名目貨幣と呼ぶ。現在の日本銀行券は 1 万円紙幣自体の原価は約17円といわれており、特殊な場合を除いて商品価値はほとんどない。お金の歴史は、商品貨幣から名目貨幣への変化の歴史である。

　では、このように名目貨幣へ変化していった貨幣自体の役割とは一般的にどういったものであろうか。それらは以下の 3 つに集約される。

　①　**一般的交換手段**（一般的支払手段）　　消費者がモノやサービスを求める場合に売り手と買い手の媒介となる。これは最も身近な役割であり、日常的に買い物などで利用されるものである。

　②　**一般的価値尺度**　　消費者が財・サービスを購入するかどうかを判断するにはそれらの価値を知ることが必要になる。ジュース 1 本、リンゴ 1 個、ライブチケット 1 枚など、財・サービスにおいてその単位は様々であり、それらの価値を単位によって判断するのは困難である。日本においては貨幣単位である円にそれらを置き換えることにより、その財・サービスの価値を推し測ることができるのである。特に価値自体が一般人にはわかりにくい絵画などの芸術作品がどれだけの価値を有しているかは、その作品自体の値段でしか知ることはできない。

　③　**価値貯蔵手段**　　貨幣を使用せずに保存しておくことにより、将来のある時点でも同じように使用できるという機能である。物々交換の場合には腐ったり劣化したりすることによりこの機能が損なわれてしまうが、貨幣であれば貯蓄しておくことにより、将来の出費に備えることができる。ただし、この機能は名目価値による貯蔵手段であるため、その実質価値は物価指数の変動に左右される。具体的にいえば物価の上昇率が100％である場合の貨幣価値は50％減少することとなる。また、現代の管理通貨制度の下で流通する貨幣は金との兌換が保証されていない不換紙幣であるため、確実な実質価値の保存はできないということになる。そのため現在の貨幣の実質価値を維持

する役割は、各国の中央銀行の金融政策によって、物価の安定を図ってもらうことにより成立している。

　価値の貯蔵手段の補足として、以下の点をあげる。

　【グレシャムの法則】　「悪貨は良貨を駆逐する」。これは、人々が金の含有率が高い良貨を貯め、含有率の低い悪貨を使用するため、市場において質の悪い通貨が多く流通するということである。これは商品貨幣ではなくなった現在では、金が含まれる貨幣はほぼ使用されていないため、この法則を現在の貨幣にあてはめることはない。

2　貨幣の条件

　貨幣のもつ3つの機能は、相互に補完的な働きをしている。いずれか1つの機能を欠いていても貨幣とは認知されない。3つの機能を併せもつ場合にのみ貨幣となり得る。

　すなわち、「価値の貯蔵手段」の機能は貨幣がいつでも財・サービスに交換できるという「一般的支払手段」の機能に裏づけされているし、また、その「一般的支払手段」の機能には、貨幣に一般受容性が備わっており、しかも取引の媒体として世の中に出回っている間にもその価値が維持されるという「価値の貯蔵手段」の機能が期待されている。

　次に、貨幣の「一般的価値尺度」の機能は、貨幣そのものに絶対的な基準となるべく「価値の保存手段」の機能が備わっていないならば、そもそも機能しなくなる。であるから、図5-1にあるように、3つの機能のうち1つを有しているものの例がそれぞれあるが、その中心にある貨幣の

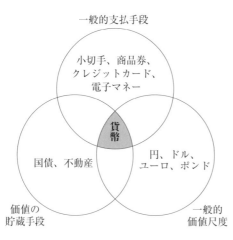

図5-1　貨幣の役割

みが3つの機能を満たしている存在であるといえる。また、現在では「一般
的支払手段」の機能を有するツールが増えている。図5-1に電子マネーと
貨幣を区別して表記している理由としては、電子マネーの利用者が発行者に
対してまず貨幣を支払い、発行者が間接的に電子マネーによる支払いを受け
る側に貨幣を支払っているという流れがあるためであり、この点から電子マ
ネーをクレジットカードと同様の分類とした。

3　通貨残高

　通貨残高とは日本銀行を含む金融機関全体から、経済全体にお金がどの程
度供給されているかを見るのに利用される指標であり、民間部門（金融機関
と中央政府を除く、一般法人、個人、地方公共団体）の保有する通貨量残高を集計
したものである。以前は**マネーサプライ**（通貨供給量、貨幣供給量）として統計
が公表されてきた。しかし、ゆうちょ銀行（2007年10月に業務開始）が国内銀
行として扱われるようになったことや、金融商品が多様化したことなどから、

広義流動性＝M3＋金銭の信託＋投資信託＋金融債＋銀行発行普通社債＋
金融機関発行CP＋国債＋外債

M3＝現金通貨＋預金通貨＋準通貨＋CD
（預金通貨、準通貨、CD の発行者は、
全預金取扱機関）

M2＝現金通貨＋預金通貨＋準通貨＋CD
（預金通貨の発行者は、全預金取扱機関）

M1＝現金通貨＋預金通貨

現金通貨＝銀行券発行高＋貨幣流通高
預金通貨＝要求払預金（当座、普通、貯蓄、通知、別段、納税準備）
　－対象金融機関保有小切手・手形
準通貨＝定期預金＋据置貯金＋定期積金＋外貨預金
CD＝譲渡性預金
全預金取扱機関＝「国内銀行等」＋ゆうちょ銀行＋信用組合＋全国信用協同組合連合
会＋労働金庫＋労働金庫連合会＋農業協同組合＋信用農業協同組合連合会＋漁業
協同組合＋信用漁業協同組合連合会

図5-2　マネーストック

図5-3　マネタリーベース

2008年6月に見直しが行われ、**マネーストック**として公表されるようになった。通貨としてどのような金融商品を含めるかについては、国や時代によっても異なっており、一義的に決まっているわけではないが、日本の場合、対象とする通貨の範囲に応じて、M1、M2、M3、広義流動性といった4つの指標を作成・公表している（図5-2）。

4　マネタリーベース

マネタリーベースとは、「日本銀行が供給する通貨」のことであり、具体的には、市中に出回っているお金である流通現金（「日本銀行券発行高」＋「貨幣流通高」）と「日銀当座預金」の合計値である（図5-3）。

マネタリーベースの流通現金は、マネーストック統計の現金通貨と異なり、金融機関の保有分が含まれる。これは、マネーストックが「（中央銀行を含む）金融部門全体から経済に対して供給される通貨」であるのに対し、マネタリーベースは後述する信用創造の基礎となるお金であり、銀行の預金通貨を増やし、マネーストックを押し上げる。

第3節　信用創造のシステム

1　信用創造

信用創造というのは、一つの銀行だけを見ると、預金を超えて貸出しを行うことはできないが、銀行組織全体を考えると、貸出しが預金を創出するメカニズムによって、個々の銀行の当初の預金を超えて貸出しが可能になると

いうものである。

　一般に銀行は、預金者からの支払請求に対応するため、常時、預金者に対してある率の支払準備をもつ。日本銀行は対象となる金融機関に対して、「受け入れている預金等の一定比率以上の金額を日本銀行に預け入れること」を義務づけている。この制度は**準備預金制度**と呼ばれ、1957（昭和32）年に施行された「準備預金制度に関する法律」により、金融政策の手段として導入された。

　今、仮にA銀行に10万円の預金が行われたとする。信用創造論では、分析のもとになるこの10万円を「本源的預金」と名づける。A銀行は10万円のうちたとえば2割を支払準備に充て、残り8万円を貸出しに運用するとする。しかし貸し出される8万円は、銀行組織全体から見ると他のB銀行に預金されるかもしれない。するとB銀行は、その8万円のまた2割を支払準備に充て、残りを貸出しに運用する。このような過程が次々に起こり、本源的預金のたとえば8割が貸し出されると、それに伴って派生的な預金が出てくるが、その「派生的預金」に対して、それぞれコンスタントに8割が再び貸し出され、2割が支払準備に据え置かれるとすると、次第に派生的預金の波及的拡大が発生することになる。具体的にいえば、銀行組織全体として、最初の10万円の本源的預金は、次のように派生的預金を次第に拡大していく。

　10万円＋8万円＋6.4万円＋5.1万円＋4.1万円＋……（＝50万円）ではいったい最終的に預金残高はどこまで増えていくのかというと、第7章で述べる投資乗数の理論の場合と同様に、信用乗数はこの場合、

$$（1＋0.8＋0.64＋0.51＋……）＝1／（1－0.8）＝5$$

によって求められる。0.8は「追加」される預金のうちで貸し出される比率であるので、（1－0.8）は支払準備率といえる。

　以上をまとめると、最初の本源的預金がトータルでどれだけの預金増加を引き起こすかは、1/限界支払準備率という乗数によって決まる。つまり預金のうちで8割を貸出しに充てるという仮定の下では、乗数は1／（1－0.8）＝5となり、本源的預金10万円に対して5倍の50万円分の「預金創造」（信

用創造）が行われたことになる。

2 直接金融と間接金融

　信用創造については前項で触れたが、そこで登場した銀行は金融機関の一種である。この金融機関は資金の余剰分を資金が不足している家計や企業に流通させる仲介者の役目を果たしている。

　一般的に銀行が中に入って、預金を貸出しに運用している場合、中でも長期貸出し、長期の設備資金に運用しているような場合を**間接金融**と呼ぶ。これに対し、企業が株式や社債、コマーシャルペーパー（CP）などの有価証券を発行し、それらを証券市場を通じて企業や個人に販売し資金調達を行うことを**直接金融**と呼ぶ（図5-4）。上記の社債とCPの違いについては償還期間1年以上が社債、1年未満がCPである。

　「間接金融」の場合には、企業は銀行や保険会社などの金融機関からの借入れによって資金を調達することになる。企業の間接金融による調達の方法としては、受取手形を裏書譲渡する形式で借入れを行う手形割引や、一定期間中は一定の限度まで預金残高を超えて自動的に融資がなされる当座貸越し、借用証書を金融機関に提出し借入れを行う証書借入などがある。こうした借

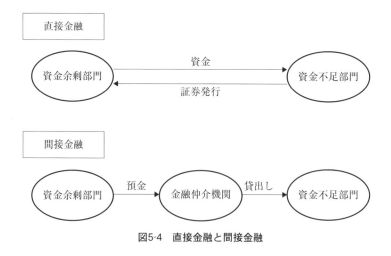

図5-4　直接金融と間接金融

入金の原資は元々は個人や家計が金融機関に預け入れた資金であるから、金融機関は専門的には金融仲介機関とも呼ばれる。

3　金融機関の機能と日本の特徴

　金融機関には金融仲介機能ばかりでなく、ほかにもいくつかの働きがある（表5-1）。

　われわれの社会生活は金融機関の様々な機能によって成り立つ部分が大きい。「金融仲介機能」においては、たとえば家計部門の銀行預金は「資金の余剰部門」ということになり、銀行はこの預金をもとに企業などの「資金の不足部門」への貸出しを行う。もし、われわれが銀行の仲介なしに企業などに貸出しを行うとすれば、企業の経営悪化に伴う債務不履行のリスクは非常に大きいことになるが、われわれに代わって銀行が貸出しを行うことにより、そのリスクは大幅に軽減される。日本では預金保険制度により、当座預金や利息のつかない普通預金等（決済用預金）は、全額保護される。また、定期預金や利息のつく普通預金等（一般預金等）は、預金者一人あたり、1金融機関ごとに合算され、元本1000万円までと破綻日までの利息等が保護されているからである。決済機能は近年のIT技術の進歩により大きな発展を遂げてきた役割であるといえる。これは経済主体のそれぞれがネットを介しての支払いや送金を瞬時に行うことができるようになったことから、人々の購買行動にも多大なる影響を与えた。また、現金を用いない支払手段として、クレジットカードに加え電子マネーやバーコード決済なども導入されている。

　日本の金融機関の特徴として、戦後の経済成長期においては資金の供給元としての役割を担ってきたが、バブル経済の崩壊に伴う不良債権問題と金融

表5-1　金融機関の機能

金融仲介機能	「資金の余剰部門」と「資金の不足部門」の仲介をする役割。情報生産機能、リスク負担機能、資産変換機能などが総合的に働く。
信用創造機能	金融機関が全体として、預金と貸出しの繰り返しによって、貸出残高（信用）を増やす仕組み。
決済機能	預金口座からの振替で、送金や支払いができる仕組み。金融機関の決済ネットワークなどを背景に維持されている。

自由化による競争の激化により、経営難に陥る銀行が増えたことから金融業界の再編が行われた。近年では欧米の銀行と比較して収益が低い点が指摘され、各種手数料収入の見直しを行うとともに、大企業向け融資からリテールバンキング（個人や中小企業を対象にした小口の預金・貸出し、為替取引などの金融業務）についても力を入れつつある。

第4節　金融市場の役割

1　金融市場の種類

　金融市場の役割は、ミクロ的には、個々の経済主体の収入と支出のギャップを埋め、支出決定の自由度を高めることである。簡単にいえば、お金に余裕のある方から余裕のない方にお金を流してあげることである。それはまた、金利の働きと相まって、マクロ的には、経済全体における資金を生産的用途に振り向けて資金効率を高め、経済の成長と安定に寄与する点にある。私企業、個人、民間金融機関の自由な活動が前提となっている自由経済の下では、資金需給の調整および配分は金融市場における金利メカニズムによって行われるからである。

　金融市場は金融的な資金の取引が行われる場所であるが、その期間によって短期金融市場と長期金融市場とに分類することができる。短期金融市場とは、期間1年未満の資金を融通する市場であり、マネーマーケットとも呼ばれる。一方、長期金融市場とは、1年以上の資金を融通する市場である。

　短期金融市場は、金融機関や一般の事業法人が資金を調達する場であり、また、日本銀行が公開市場操作などを行って金融を調節する場にもなっている。そして、取引参加者が金融機関に限定されるインターバンク市場と、一般の事業法人が自由に参加できるオープン市場に分けられる。

　インターバンク市場は、金融機関が相互の資金の運用と調達を行う場であり、取引参加者は金融機関に限定されている。また、コール市場、手形売買市場、東京ドル・コール市場があり、市場では資金の出し手、取り手の間を

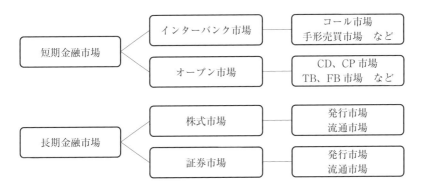

図 5-5　**金融市場の種類**

短資会社が仲介している。

　オープン市場は、法人であれば誰でも参加できる市場で、金融機関のほか、証券会社、事業法人、外国企業、公的機関が取引に参加している。オープン市場は、CD（譲渡性預金）、TB（割引短期国庫債券）、円建てBA（銀行引受手形）などの取引市場から成り立っている。

　長期金融市場は、取引期間1年以上の長期にわたる金融取引が行われる場で、資本市場（キャピタルマーケット）ともいう。長期金融市場の代表例として証券市場がある。証券市場では、有価証券の売買を行うことで資金を取引しており、企業は、証券市場で株式や債券を発行することにより資金を調達する。証券市場は、株式市場と公社債市場に大別される。

　株式市場は、企業が発行する株式を取引する市場で、証券取引所がその代表である。投資家から委託を受けた証券会社が株式の売買を行う。

　公社債市場は、国債や社債などの債券を取引する市場であり、公社債は公共債（国や地方公共団体の発行する債券）と社債（企業が発行する債券）の総称である（図5-5）。

2　資 金 循 環

　資金は金融市場を通じて余剰部門から不足部門へと流れていることを述べたが、この流れを国民経済の経済主体ごとに家計、企業、政府、金融機関、

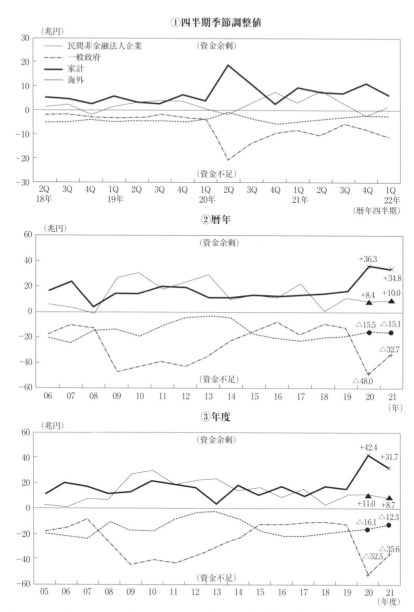

①四半期季節調整値

②暦年

③年度

(出所) 日本銀行調査統計局『参考図表　2022年第2四半期の資金循環（速報）』
https://www.boj.or.jp/statistics/sj/sjexp.pdf

図5-6　部門別資金過不足2022年

海外部門といった部門別に分けてとらえると、マクロ的にどの部門に余剰が出て、どの部門に不足が生じているかが明らかになる。これを統計としてとらえたものが、日本銀行が四半期ごとに公表している**資金循環統計**である。

　図5-6のグラフにあるように、どこが資金余剰部門で、どこが資金不足部門であるのかが見て取れる。しかし、それは固定的なものではなく、時代によって異なる。家計は歴史的に常に資金余剰部門になっている一方で、企業（民間非金融法人）は近年でこそ資金余剰部門になっているが、かつては資金不足部門であった。

　現在、財政赤字を抱える日本政府は大幅な資金不足部門になっている。戦後の国債発行は1965（昭和40）年度の「昭和40年不況」時の歳入不足から始まり、その後一貫して発行残高が増加してきている。当時は「戦後最大の不況」の年といわれることが多かった。確かに1965年の実質経済成長率は5.1％で、昭和30年代の実質経済成長率（暦年ベース、年率9.6％）のほぼ半分であった。しかしこの期間中にも1958（昭和33）年のように成長率が5％台の年もあったし、また景気下降局面は1964（昭和39）年11月から1965年10月までの12カ月間で、これもそれまでの景気下降局面に比べて、特に長かったわけでもない。したがって1965年の経済をマクロベースで見る限りそれほど深刻な不況とは見られない。ただ当時の企業業績は確かに悪かった。企業収益は1965年9月期まで3期連続して減益決算となり、しかもその減益幅は拡大していた。その結果、総資本に対する収益率は過去の不況時を下回る低水準に落ち込んだ。その原因は販売価格の低下とコスト圧力の増大にあり、さらにその背景には過大な設備能力の存在があった。

第5節　中央銀行の役割

1　日本銀行の3つの役割

　国民経済の金融システムや金融制度の中心となるのが**中央銀行**である。開発途上国では中央銀行が設立されていない場合もあるが、主要国にはそれぞ

れ中央銀行が設立されている。日本の中央銀行に当たるのは日本銀行であり、アメリカではThe Federal Reserve Board（連邦準備理事会）である。日本銀行はその目的として、「物価の安定」と「金融システムの安定」を掲げている。

　日本銀行は日本銀行券を独占的に発行している。金本位制下の兌換紙幣であれば、日銀にとって発行した紙幣は負債になる。金に兌換を求められた場合はいつでもそれに応じなければならないからである。管理通貨制度の下ではそのような兌換請求はないが、日銀のバランスシート（貸借対照表）においては負債になっていることには変わりがない。しかし、この負債は名目であって返済の義務がない負債であるから、日銀は発行額に等しいだけの収入を得ることができる。この収入は荘園領主の特権になぞらえて**シニョレッジ**（seigniorage）と呼ばれ、通貨発行益ないし造幣益と訳される。シニョレッジは、先進諸国において各年ともGDPの1％程度（中国では5％ともいわれる）との推計があり、それほど大きな額ではない。しかし、マネーストックの増加率が高い国ではこの比率は上昇し、最も重要な収入源となっている国も少なくない。これらの国では財政赤字を新規貨幣発行で賄っており、それがインフレを引き起こし、その結果さらに財政赤字が拡大するといった悪循環に陥っている。

　現在、シニョレッジの利益は多くの国で国家が独占的に享受している。かつては多くの銀行がそれぞれ独自の銀行券を発行してシニョレッジを得ていた国もあるが、中央銀行が設立され単一の中央銀行券が発行されるようになってからは、それが国家に召し上げられた経緯がある。EU（European Union：欧州連合）の19カ国（2022年8月現在）では単一通貨ユーロを発行しているが、そのシニョレッジはルールに従って国家間で分配されている。

　日本銀行は一般企業や個人とは取引せず、銀行などの金融機関とのみ取引を行っており、これらの金融機関から当座預金（プラス金利、ゼロ金利、マイナス金利の3階層に分割されている）を預かっている。この預金は現金と同じように、入金・振替と同時に決済が最終的に完了するうえに、現金を運ぶような手間や危険がないために、大きな金額の支払いに便利である。このため、日本銀行当座預金は日銀と金融機関同士の資金のやり取りにも大いに利用され

ている。たとえば、各金融機関はお互いのお金のやり取りの集中的な決済を
この預金を使って行っている。銀行振込みが可能なのも、日銀を通じて各銀
行同士が相互につながっているからである。また、各金融機関は日銀から貸
付けを受けることもできる。このときに適用される基準金利が**公定歩合**であ
る。

　金融システムを安定させることも日銀の大切な役割である。このため、銀
行の預金・貸出しの動向などを把握したり（モニタリング）、資産内容やリス
ク管理体制をチェックするために、定期的に立ち入り検査（考査）も行って
いる。また、万一金融システムの一角で支払不能などの事態が発生し、それ
が他にも波及するような危険が予想されるとき、そうした事態を未然に防ぐ
ために緊急の貸出しを行う場合がある。この機能は**最後の貸し手**機能と呼ば
れている。

　金融機関のほかに日銀に口座をもつのは日本政府である。日銀は国庫金の
出納事務のすべてを扱うことになっており、この口座には全国から集められ
た税金・社会保険料や交通反則金などが入る。また、公共事業費・社会保障
関係費などの支払いに必要な資金はこの口座から出る。このような国庫金の
受払い等も日本銀行は行う。

　こうした業務は膨大な量にのぼるため、日銀は民間の金融機関の多くの店
舗に、国庫金の受払いに関する事務を委託している。これらの店舗は、日銀
に代わって国庫金を取り扱っているが、最終的には日銀にある政府預金口座
に収めることになる。このほか国債の発行、流通および償還事務については、
日銀で一元的に取り扱っている。また、「外国為替資金特別会計」で政府が
保有している外貨の管理事務も日銀の業務になる。このうち、民間銀行との
外為の売買がいわゆる「介入」であり、日銀は財務大臣の代理人という立場
で**市場介入**を行っている。

　以上のような日銀の役割をまとめると、図5-7のように発券銀行、銀行
の銀行、政府の銀行というようになる。

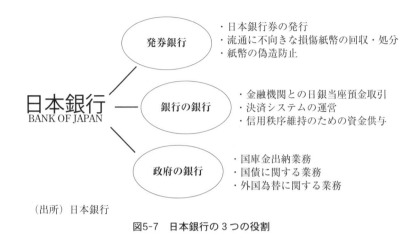

（出所）日本銀行

図5-7　日本銀行の3つの役割

2　金融政策

　日銀法には、日本銀行は、通貨および金融の調節を行い、特に物価の安定を図ることを通じて国民経済の健全な発展に資することを理念とすると謳われている。これが、日銀が行う金融政策といわれるものである。日銀が行う金融政策は主に**公開市場操作**を通じて金利を変動させるものである。この金利政策は市中の金利水準を左右し、企業の資金需要を調整する方法である。ただ、ケインズ経済学が登場して以来、金利政策の効果に疑問がもたれるようになり、このような金利政策がそのまま有効な役割を果たすかどうかは、必ずしも明確でないとされてきた。

　この「公開市場操作」（open market operation）は、日銀が国債その他の債券の売買により資金の調整を行うもので、「売りオペ」の場合は日銀が債券を銀行に売ることにより市中の資金がそれだけ吸い上げられ、「買いオペ」の場合は逆に債券を銀行から買うことによってそれだけ市中へ資金が放出される（表5-2）。

　その他の金融政策として「支払準備率操作」があるが、わが国ではあまり重視されてこなかった。しかし、1991（平成3）年秋に、公定歩合を引き下げる前にこの政策が取られる例があった。

表5-2　公開市場操作の効果

売りオペ	市中の資金量低下	金利上昇
買いオペ	市中の資金量増加	金利下降

　かつて日本銀行の主な金融調節手段は、オペレーションではなく、「公定歩合」により金融機関に貸出しを行うことであった。また、規制金利時代には、預金金利等の各種の金利が「公定歩合」に連動していたため、「公定歩合」が変更されると、こうした金利も一斉に変更される仕組みであった。このため、「公定歩合」は金融政策の基本的なスタンスを示す代表的な政策金利であった。しかし、1994（平成6）年に金利自由化が完了し、「公定歩合」と預金金利との直接的な連動性はなくなった。この連動関係に代わって、現在、各種の金利は金融市場における設定行動によって決まっている。こうした状況の下、かつての「公定歩合」は、現在、「基準貸付利率」と呼ばれ、「補完貸付制度」の適用金利として、無担保コールレート（オーバーナイト物）の上限を画する役割を担っている。

コラム：クレジットの罠

　資本主義における経済成長に消費は欠かすことができない。また、日々の生活で消費せずに生きていくことは不可能である。消費をすることが経済成長につながるのであれば、消費を常に増やしていくことが求められる。そのため、資本主義社会ではマーケティングと呼ばれる学問が生まれ、人々にいかに消費させるかを競い合ってきた。しかし、それと同時に無駄が生まれ、地球環境の悪化や食糧危機などが懸念されるようにもなった。このような状況においてもいまだ世界は資本主義システムを継続しており、そのために消費を増やすことに注力している。われわれが消費をする際には今ある資金で支払いを行うのが通常であるが、それでは予算を超えて消費を増やすことができないため、それ以上に消費を増やすためには将来の消費を現在の消費に充てることが必要になってくる。それがクレジット払いである。日本の家計部門の債務残高は約20兆ドル（2021年9月時点）でGDPの4倍ほどある。負債が増えるということはそれにかかる金利の支払いも増えることから、賃金が上昇しなければ将来の消費減が必然となる。財政も家計も長期的な視野に立った計画的な支出を行うことが将来の生活に重要ではないだろうか。

○引用・参考文献

岩田規久男『金融入門』岩波新書、1999年。

奥野正寛『ミクロ経済学入門』日本経済新聞社、1982年。

上川孝夫ほか『現代国際金融論』有斐閣、2007年。

ケインズ, J. M. 著、塩野谷祐一訳『雇用・利子および貨幣の一般理論』東洋経済新報社、1995年。

国宗浩三「通貨発行益（シニョリッジ）と途上国財政」柏原千英編『開発途上国と財政問題　調査研究報告書』アジア経済研究所、2008年。

シュムペーター, J. A. 著、塩野谷祐一ほか訳『経済発展の理論—企業者利潤・資本・信用・利子および景気の回転に関する一研究—　上・下』岩波文庫、1977年。

白川方明『現代の金融政策—理論と実際—』日本経済新聞出版社、2008年。

中谷巌『マクロ経済学入門』日本経済新聞社、1982年。

藤原秀夫『マクロ貨幣経済の基礎理論』東洋経済新報社、2008年。

村瀬英彰『金融論』日本評論社、2006年。

ロジャーズ, C. 著、貨幣的経済理論研究会訳『貨幣・利子および資本—貨幣的経済理論入門—』日本経済評論社、2004年。

第 6 章

財政とその役割

　本章の目的は、初学者に財政とは何か？を簡単に説明し、次に財政の特徴を考察し、さらに財政の必要性を取り上げ、最後に財政の役割を論ずることにある。

第1節　財政の定義

1　財政とは何か

　最も簡単に説明するならば、「財政とは、政府の経済」である。若干補足するならば、政府には、中央政府（国家）と地方政府（地方公共団体）が存在する。前者の財政は**中央財政**であり、後者の財政は**地方財政**である。通常、財政は前者を意味する。

　財政を歴史的にたどれば、ドイツ語ではFinazの複数形Finanza、フランス語ではfinanceの複数形であるfinancesであり、両者とも複数形である。これに対して英語ではfinanceと表記され、元来、名詞として「資金調達」、動詞では「資金調達をする」を意味する。換言するならば、両者は金融（活動）といえよう。しかし、広義の金融では、私的金融と公的金融が存在する。財政は、通常、後者のことを示すと考えてよいであろう。すなわち、英語ではpublic financeと表記される。つまり、**公的資金調達**ということになる。このように財政を把握すると、租税論と公債論の収入論を中心とするものといえよう。しかしながら、冒頭に記したように、政府の経済であることを考えると、支出論をも考慮しなければならない。その結果、現在では、予算論と経費論をも含んで論じられなければならない。

2 財政論の諸類型

1）伝統的財政論（traditional public finance）

伝統的財政論は技術的財政論とも呼ばれ、財政は政府の経済であるという解釈を厳守し、理論展開の機軸が、政府の収支に関する現実的記述とその分析に限定されていた。しかし、問題点として、財政が国民経済機構との内的関係において解明されることがなかったのである。すなわち、財政の科学的独自性の確立に努めるがあまり、常に理論的中心が政府の収支とその分析に向けられ、財政を国民経済の中に位置するものとは考えられていない。

2）フィスカル・ポリシー（fiscal policy）

近代財政の要求は、伝統的財政論とは異なり、財政を国民経済機構の中に位置づける。そして、財政機能を経済発展のための一つの均衡要素として把握し、財政が景気の調整手段となることに注目した。これが**フィスカル・ポリシー論**である。初期的段階においては、「呼び水政策」（pump-priming）あるいは「カンフル注射」（short-injection）と呼ばれ、経済の自立回復性を前提としていたのである。すなわち、一時的な経済効果しか期待できなかった。そこで登場したのが、恒久的な経済効果を論じた**補正的フィスカル・ポリシー論**である。これを主張した代表的人物が、**ケインズ**（Keynes, J. M.）である。

3）公共経済論（public economics）

上述のフィスカル・ポリシーは、不況を克服するために登場し、後にはインフレーションの防止や経済成長の促進に大きく貢献した。しかし、資本主義の変質に伴い、フィスカル・ポリシーの射程を越えた様々な問題が発生してきた。すなわち、ドルを機軸通貨とする国際通貨体制と各国通貨の不安定、スタグフレーション（stagflation）の克服、公害の発生と除去、都市・農村における過密過疎の問題とその解決、社会保障、公共料金の決定と物価への影響などである。その結果、擡頭してきたのが**公共経済論**である。公共経済論は、社会体制の経済的側面の中で、政府活動が関わる局面をすべて対象とする。しかし、公共経済論において、中核をなす費用便益分析（cost-benefit analysis) は、あまりに抽象的なものであり、これが今後の公共経済論の枢要な論点であろう。

4）マルクス主義財政論（marxian public finance）

　最後に、**マルクス主義財政論**であるが、いいかえると、社会主義財政論といえよう。すなわち、社会主義を基調として、財政論を展開している。資本主義の下では、政府予算はブルジョア国家が、勤労者を追加的に搾取して資本家階級を豊かにする道具となり、国民所得が非生産的に、また寄生的に使われるようになると説く。しかし、1989年、ベルリンの壁の崩壊を契機として、マルクス主義財政論は急速に力を失っていく。

第 2 節　財政の特徴

　本節では、家計と企業から構成される民間経済と、政府の経済である財政を比較する。もちろん、収入と支出がある点は共通している。財政の特徴は、以下のように区分できる。

1　基本的特徴

1）強制性の相違

　財政の主体が、権力的統治団体であることから、必然的に、収入獲得行為および経費支出行為の両面で、**強制原則**が支配する。まず、収入獲得行為に関して考えてみよう。財政収入は、租税、公債および政務収入に大別することができる。租税は、日本国憲法第30条に**納税の義務**が明記されている。公債も、消化方法によって若干異なるが、いずれも強制性を有している。最後に、政務収入であるが、政府の供給する財およびサービスは、独占形態をもち、これも強制性を有する。

　次に、経費支出行為についてであるが、読者は、**交換原則**が支配しているように考えるかもしれないであろう。しかし、物資の供出や労働力の徴用のように、政府の一方的意思により、価格が決定されることがあり、これは経費の強制的性格を意味している。

2）目的の相違

　民間経済と財政とは、両者とも**個別経済**であり、一定の欲望（需要）を充足する行動を取る。民間経済では、私的欲望の充足が目的である。具体的に説明するならば、家計は**効用の最大化**、企業は**利益の最大化**を目的としている。一方、財政では、公共欲望の充足を目的とする。すなわち、国民福祉の向上を目的としているのである。ただし、公共欲望に関しては、自然人説、共通説、手段説および擬制説などが存在する。通常、公共欲望は、共通説と手段説の折衷的なものと解釈されている。公共欲望の充足のためには、前述の強制性が機能している。すなわち、私的欲望を排除してでも、達成されるのである。例をあげるならば、ダムや空港の建設などが考えられるであろう。

3）生産物の相違

　民間経済は民間財を生産し、財政は公共財を生産する。それでは、民間財の性格はどのようなものであろうか。それは、可分性を有するということであろう。そして、この可分性から、排除性が派生してくるといえよう。すなわち、民間財を獲得するためには、価格という貨幣的犠牲を伴い、この価格を支払わない者は、その恩恵から排除されるのである。一方、公共財は、不可分性を有している。そして、この不可分性から、非排除性が派生してくる。すなわち、公共財を獲得するためには、必ずしも価格という貨幣的犠牲を伴わない。確かに、通常、租税という犠牲を支払うが、それを支払わなくても、公共財は獲得可能といえよう。なぜならば、公共財は集合的消費を前提としているからである。貨幣的犠牲を支払わず、恩恵だけを受け取る者は、**フリー・ライダー**（free rider）と呼ばれ、彼らの存在は大きな問題といえよう。

2　副次的特徴

1）収支適合方法の相違

　民間経済も財政も、収入と支出があることは共通している。しかし、両者の調整方法に、相違点が存在している。民間経済では、**量入制出原則**が機能する。すなわち、「入るを量りて、出るを制する」ということである。まず獲得した収入を考慮し、次にその範囲内に支出を制限する。一方、財政では、

量出定入原則が機能する。すなわち、「出るを量りて、入るを定める」ということになる。まず、どの程度の支出が必要かを考慮し、収入方法を定める。しかし、民間経済においても、やむを得ざる事情（病気など）により、支出によって収入を決定せざるを得ない場合が生ずるかもしれないであろう。他方、財政について考えるならば、国民の経済力を超えた無制限の支出は、決して可能なものではない。財政支出の過度の膨脹は、インフレーションを誘発し、民間経済に大きな影響を与える。その意味では、財政の支出にも、一定の限界があるということである。限界とは、民間経済の**財政負担能力**といってもよいであろう。

　さらに、余剰原則と**収支均衡原則**の区分がある。民間経済では、余剰（貯蓄）を残し、財政では、余剰を残すことは好ましくないといえよう。なぜならば、財政で余剰を残すということは、必要以上の収入を国民から徴収したことを意味するからである。財政は、常に収入と支出が均衡していなければならないであろう。ただし、財政の収支均衡原則は、民間経済の**余剰原則**によって可能となる点に注意しなければならない。

2）存続期間の相違

　家計と企業の生命は有限であるのに対して、原則として政府の生命は無限であるといえよう。すなわち、民間経済の存続期間は、財政と比較してきわめて短期間である。存続期間の相違から、両者の運営上の相違が生じてくる。たとえば、財政は、民間経済と比較して、公債による臨時収入を調達することが容易といえよう。**永久公債**すら財政は発行可能であるが、民間経済においては発行不可能である。しかし、こうした相違は、絶対的なものとはいえないであろう。民間経済も、基礎が堅固なものは、弱小な政府の財政よりも安定し、より大なる永続性と信用を得ることが可能となると考えられる。

3）公開性の相違

　民間経済は、公開性を有しない。確かに、家計において家計簿をつけ、配偶者と収入および支出を共有することがあるかもしれない。また、企業も株式会社であれば、株主に収入と支出を公開しなければならない。しかし、これらは特殊な場合といわざるを得ないであろう。一方、財政においては、収

入が主として、租税という強制的徴収であること考慮して、公開性を有するといえよう。日本国憲法第91条は、「内閣は、国会及び国民に対し、定期に少くとも毎年一回、国の財政状況について報告しなければならない」と規定している。さらに、財政法第46条1項および2項において、「内閣は、予算が成立したときは、直ちに予算、前々年度の歳入歳出決算並びに公債、借入金及び国有財産の現在高その他財政に関する一般の事項について、印刷物、講演その他適当な方法で国民に報告しなければならない」「前項に規定するものの外、内閣は、少くとも毎四半期ごとに、予算使用の状況、国庫の状況その他財政の状況について、国会及び国民に報告しなければならない」とも規定している。

第3節　財政の必要性

1　民間経済の限界

　現代経済の目的の一つは、**完全雇用**といってよいであろう。完全雇用とは、非自発的失業が存在しない状態を意味している。そのためには、完全雇用を可能とする雇用量の確保がきわめて重要といえよう。本節では、**ラーナー**(Lerner, A. P.) の**ビルディング・ブロック**（**積み木**）を応用して、民間経済の限界について説明することにしよう。

　図6-1は、国の失業者の程度を決定する雇用量を、家の一番上部に位置する屋根に見立てて、それを支える白い8つのブロックを示している。①は雇用量であり、最も重要なものとされる。民間部門においては、この雇用量が不足しているために、完全雇用は達成されない。そこで、次の雇用量を支える一枚ブロックである②国民所得の不足が、新たな問題となる。さらに、②の国民所得は、③の消費と④の投資のブロックによって支えられている。③の消費は直接地面に建つブロックである。一方、④の投資は、投資誘因と呼ばれる⑤の**資本の限界効率**（**投資の予想利潤率**）と⑥の利子率によって支えられている。加えて、⑥の利子率は、⑦の**流動性選好**（**貨幣需要**）と⑧の貨

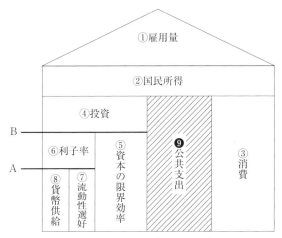

図 6-1　ラーナーのビルディング・ブロック

幣供給によって決定されると考えられる。以上が、簡単な民間経済による雇用量決定の説明である。しかし、上述のブロックには、2つの障壁が存在すると考えてよい。第1に、Aの障壁がある。Aの上部にある⑥の利子率は、⑦の流動性選好と⑧の貨幣供給によって決定されるわけであるが、不況期においては問題が存在する。具体的に、不況期における金融政策の問題点に関して考察することにしよう。不況期では、公定歩合の引下げ、公開市場買い操作および支払準備率の引下げによって、⑧の**貨幣供給**の増加が試みられる。そして、⑦の流動性選好との関係において、⑥の利子率は下落するはずである。だが、これは、⑦の流動性選好が、不変であるという前提を有している。しかし、現実には流動性選好も変化する可能性があるといえよう。現在は**不確実性の時代**であり、国民は、不況期において、流動性選好を変化させ、将来の不確実性を除去するために、貨幣の需要量を増やすことが予期される。このような場合、金融政策によって貨幣供給を増加させたとしても、必ずしも⑥の利子率は低下するとは限らない。

　第2に、仮にAの障壁をクリアすることができたとしても、すなわち、⑥の利子率を引き下げることに成功したとしても、さらにBの障壁が存在する。

Bの上部にある④の投資は、⑤の資本の限界効率と⑥の利子率とによって決定される。しかし、⑤の資本の限界効率が不変であることを前提として、⑥の利子率の低下により、④の投資が増加するとは限らない。特に、不況期の場合、⑤の資本の限界効率は、大きく変動する。この値は、負の値になることも考えられる。⑥の利子率は、基本的に正の値を有するが、⑤の資本の限界効率は、正の値と負の値になる両方の可能性がある。特に、不況期においては負の値になる可能性が高いといえよう。こうした場合、④の投資は増加するとはいいがたい。

2　公共支出の必要性

　民間経済にAとBの障壁が存在する限り、障壁に左右されない新しいブロックが必要不可欠である。それが、⑨の斜線で描かれたブロックの**公共支出**である。この公共支出は、⑥の利子率と⑤の資本の限界効率がどのような値を取るかにかかわらず、政府によって決定され得るのである。こうして、②の国民所得は、直接、③の消費、④の投資および⑨の公共支出という３つのブロックによって支えられることが可能となる。以上のように、民間経済の２つの障壁の存在をすれば、政府の公共支出の重要性が理解できるであろう。

第4節　財政の役割

　前述のように、財政とは、政府の行う経済活動であるが、政府はどのような目的で、どんな財政活動を行っているのかを考えてみよう。財政の役割は、以下の３機能に区分することが可能である。

1　資源配分機能

　資源配分は、本来、民間経済の市場機構に委ねられるべきものといってよいだろう。しかし、**市場機構**に決定を委ねるだけでは、国民に対して資源が最適に配分されるとは断言できない場合がある。それゆえ、政府が財政によって民間経済に介入し、補完することが肝要である。それでは、民間経済

の市場機構に委ねておいただけでは、十分な資源配分がなされない財・サービスには、どのようなものが存在するのであろうか。

　スミス（Smith, A.）は『**諸国民の富**』において、民間経済の市場機構によっては提供されず、政府により提供される財・サービスとして、国防サービス、司法サービスおよび最小限度の公共土木工事などをあげている。しかし、現在、政府の提供する財・サービスは、スミスの時代と比較できないほど、広範囲に及んでいるといってよい。人間の財・サービスに対する欲望は、私的欲望と公共欲望に分類することが可能である。前者の私的欲望を充足させる財・サービスは民間財と呼ばれ、民間経済によって提供される。一方、後者は公共財と呼ばれ、政府によって提供される。

　マスグレイヴ（Musgrave, R. A.）は、『**財政理論**』（*The Theory of Public Finance*）の中で、公共欲望をさらに**社会的欲望**と**価値欲望**の2つに分類している。社会的欲望とは、すべての国民が消費の対象とする財・サービスによって充足される欲望である。ここで注意しなければならないことは、国民がこの財・サービスに対する費用を支払わなくても、その利益の享受から排除されることがないということである。逆にいうならば、利益から除外されないならば、国民が自ら好んで財・サービスに対する支払いを必要とすることがない、ということである。その結果、民間経済においては、こうした社会的欲望は充足されることはない。すなわち、私的欲望は民間経済における市場機構で決定された支払いによって、充足することは困難であろう。それゆえ、民間経済の市場機構によっては、それを充足することはできず、政府の財政活動を通じて、すべての国民が等しい量を消費するのを前提とした財・サービスによって充足される。具体的な例をあげるならば、伝染病の予防などをあげることが可能である。政府が伝染病患者の早期発見のために検査を行うことにより、すでに発病した患者を他の国民から隔離した場合、こうした利益はその本人に限定されたものではなく、他の国民に波及することになろう。すなわち、その利益をある特定の個人に限定することはできないのである。これらの財・サービスは、民間経済によって提供される財・サービスとは異なり、その代償を支払う者は別としても、支払いをせずに利益だけを得ようとする

者に対しても、その供給を排除することができない。こうした意味において、民間経済が供給する民間財とはその性質を異にしており、公共財と呼ばれるのである。

　一方、価値財は、排除原則が機能する財・サービスによって充足され、民間経済も十分に対応できるが、財政によって追加的に与えられる価値を有するとされる欲望である。そして、この価値欲望を充足するために、政府が供給する財・サービスを価値欲望という。この価値財の具体例をあげるならば、義務教育、学校給食および公営住宅などである。義務教育に関していうならば、確かに個人に対して提供される財・サービスであり、排除性を有することから、民間経済にその提供を任せることも十分に可能である。すなわち、正の外部性が存在する。その利益が教育を受けた本人だけでなく、社会全体に及ぶといえよう。民間経済にそうした財・サービスの提供を依存した場合、社会的利益に対してまでも、誰もその代償を支払おうとは、決して考えないであろう。その結果として、教育の供給は社会に必要とされる水準よりも、低い水準に留まることとなるであろう。逆に、民間経済において、企業の生産活動では、排気ガスや汚水、騒音などの公害が発生する場合がある。これらを負の外部性と呼び、この場合にも、財政の民間経済への積極的介入が必要であろう。

　以上のように、財政は財・サービスの性質をも考慮し、民間経済の市場機構で十分に供給されることのない財・サービスを提供するといえる。また、市場が完全な競争状態になく、独占あるいは寡占が存在する場合などをあげることができるであろう。

2　所得再分配機能

　公正な所得の配分を実現するということは、資本主義経済の基本的目標の一つであるといえよう。民間経済では、個人の生産要素の保有状態、個人の生まれながらの能力、教育機会が平等に与えられないことによって生じる能力の差、相続による財産の継続によって、所得の分配は不平等である。このような場合、所得の分配状況を社会的に適正な水準に修正することが必要と

なるであろう。所得再分配とは、民間経済機構によって決定された所得の分配を、政府が何らかの方法により修正したり、変更したりすることをいうが、具体的には、累進課税制度、財産税、相続税などの租税による高額所得階層の所得を政府が徴収し、これを生活保護費や国民健康保険の給付などの社会保障によって、低額所得階層に移転支出することである。本項においては、所得税の累進課税制度と社会保障制度に限定して考えることにしよう。

1）所得税の累進課税制度

　累進課税制度は、個人所得税において採用されている制度であり、所得の増加につれて税率が上昇するものである。すなわち、高額所得階層ほど租税負担は重く、低額所得階層ほど租税負担は軽い。この累進課税制度の採用によって、国民に占める高額所得階層の割合を相対的に低め、低額所得階層の割合を相対的に高めることが可能となる。すなわち、累進課税制度によって、高額所得階層と低額所得階層の所得格差を縮小することが可能となるわけである。しかし、累進課税制度は、所得再分配に対しては消極的なものでしかない。本格的に低額所得階層を救済するには、社会保障などの支出面の所得再分配手段と複合的に使用することが必要となることはいうまでもないことである。

2）社 会 保 障

　社会保障制度による所得再分配は、民間経済における所得分配を、所得移転によって、事後的に変更する制度である。もし社会保障のために支出される予算の財源が、所得税の累進課税制度によるものであれば、高額所得階層と低所得階層の所得格差が大きい国においては、高額所得階層から低額所得階層に対して、多額の所得移転が可能となる。この機能は、累進的な所得課税や社会保障移転などのような財政的手段によって、国民の所得格差を是正し、社会的公平性を実現しようとするものである。消費主体である家計は、市場において自らの所有する労働力、土地および資本などの生産要素を企業の生産活動に提供し、所得を獲得するといえる。そして、生産要素という資源が、市場によって配分されたことにより利用され、それに応じて家計に所得が分配される限り、資源配分と所得分配は、市場にとって最適な状況であ

る。これを機能的分配という。しかし、各人は、生産要素を平等に所有して
いるとはいえないであろう。たとえば、労働力に関して考えてみることにし
よう。労働力の質的な差により、労働の対価である賃金は大きく異なる。土
地や資本に関しても、労働力と同様の価格差が存在することに加えて、保有
数も家計に応じて異なっている。当然のこととして、各家計の生活水準も異
ならざるを得ない。このような分配は、人的分配といわれる。資本主義の発
達につれ、この人的分配の相違、いいかえるならば格差が拡大する。格差が
大きくなるにつれ、社会が不安定化したり、許容範囲を超える可能性が生じ
る。これを解決するために、政府が人的分配に介入することが必要となって
くる。そのため手段として実施されるのが、所得の増加につれて税率を高め
る累進所得税と、一定以下の所得の家計に所得を付加する**社会保障移転**であ
る。社会保障移転は、現金で供給する現金給付と具体的なサービスを供給す
る現物給付にさらに区分される。以上のように、財政は課税と社会保障移転
の両者を使用することにより、所得再分配機能を果たす。

3 経済安定化機能

　最後の経済安定化機能は、不況期の財政支出の増加や減税、好況期の緊縮
財政によって、経済の安定化を意図する機能である。資本主義経済は、**シュ
ンペーター** (Schumpeter, J. A.) の景気変動論からも理解できるように、常に
不安定な変動を繰り返す運命にある。こうした景気変動は、民間経済の効率
性を阻害し、前述の資源配分や所得再分配に悪影響を及ぼすであろう。そこ
で、現代財政には、完全雇用を維持し、物価を安定させるという経済安定化
を図ることが、その機能として課されている。完全雇用と物価安定は、経済
政策の2大目標であるが、両者は**トレード・オフ** (trade-off)、すなわち二律
背反の関係にあるといってよい。そこで、通常の場合、完全雇用の実現の方
が優先される。その理由は、物価の変動はすべての国民に対して等しい負担
を課するものであるが、失業は一部の国民に対して重い負担となり、公平性
の見地から考えて、早期の完全雇用の実現が必要とされるのは当然だからで
ある。ここでいう完全雇用とは、ケインズ流の定義をするならば、十分に働

く能力を保有し、また働く意志があるにもかかわらず、外的要因によって仕事を得られないような**非自発的失業**が存在しない状態を意味するのであり、自発的失業までも否定するものではない。もう一方の物価安定とは、具体的にいうならば、**インフレーション**（inflation）と**デフレーション**（deflation）などの緩和と考えてよいであろう。

　完全雇用の実現と物価安定によって、経済の安定化を達成する手段として、ほかにも中央銀行による貨幣供給量の調整を中心とした金融政策をあげることができるが、それだけでは十分なものとはいえないであろう。増税と減税による租税の調整、歳出規模の増加と減少、公共支出の促進と繰り延べなどの財政政策によって、総需要を管理することが不可欠である。

　経済安定化のための公共支出には、自動的に機能するものと政府の任意決定によるものとが存在している。通常、単純に**財政政策**という場合には、後者の狭義の財政政策、すなわち、任意決定の財政政策を意味している。

1）財政の自動安定装置（built-in stabilizer）

　財政は、その財政構造の中に組み込まれた所得税や法人税および移転支出制度によって、自動的に好況と不況の波の振幅を緩やかにし、経済を安定させることを可能としている。

　①　所得税の**累進課税制度**の採用　　租税収入は、所得税の累進課税制度の採用によって、国民所得の変化率以上の割合で大きく変化する。すなわち、国民所得が増加する好況期には、自然増収がもたらされる。もし、政府がその自然増収分を、財政支出の財源として使用しなければ、政府の予算は黒字となり、景気を抑制する効果を有する。逆に、不況期においては、国民所得も減少しているので、租税収入も減少する。もし、政府が財政支出の規模を縮小しないならば、政府の予算は赤字となり、景気を刺激する効果がある。以上の事柄は、所得税の税率が高く、累進的であればあるほど、国民所得の変動を緩和する程度が高まり、民間の消費支出の変動を小さくすることが可能である、ということを意味している。また、法人所得に関しても、同様のことがいえる。すなわち、法人所得の変化率が、国民所得の変化率よりも大きいので、経済の自動安定化を促進する機能を有している。

② 法人の貯蓄と家計の貯蓄　　法人の貯蓄とは、具体的には社内留保を意味すると考えてよいであろう。社内留保も自動安定化の役割がある。不況期には法人利潤も減少するが、内部留保の中から安定的な配当をすることが可能なため、民間経済の総需要を補う効果を有している。逆に、好況期にたとえ法人利潤が増加しても、社内留保を増加させることによって、配当所得を抑制することができる。その結果、総需要の増加を引き起こすことはないであろう。家計の貯蓄に関しても、同様のことがいえる。

③ 移転支出制度　　主要な社会保障給付である失業保険と公的扶助制度を基礎とした支払いは、不況期には増加し、好況期には減少する。具体的に、失業保険を考えてみよう。不況期には多数の失業者が発生するが、失業保険で雇用時の何割かの収入が保障されているので、民間の消費支出は、それほど減少することはないであろう。逆に好況期には、失業者の数も少なく、失業保険のための資金が蓄積される一方、消費支出を抑制することが可能となる。

　以上のように、財政の自動安定装置は、それがない場合に生じる所得の変動を緩和し、消費支出を一定に保つように機能する。その結果、経済の安定化に貢献するといえよう。しかし、自動安定装置は、基本的に資本主義にとって景気変動を避けられないものと認め、その振幅をある程度緩和させるものでしかなく、大きな景気変動に対しては、十分な効果があるとはいえない。**経済の安定化**を積極的に推進するには、任意決定の財政政策と組み合わせることが不可欠である。

2) 任意決定の財政政策 (裁量的財政政策)

　任意決定の財政政策とは、自動安定装置のような財政機構の中に組み入れられたものではなく、政府の意思決定によって自由裁量的になされる財政政策であり、裁量的財政政策とも呼ばれている。この種の財政政策には、財政支出の操作、移転支出の操作および税率の操作の3つが存在する。その中で中心的役割を果たすのが、財政支出の操作である。具体的にいうならば、公共支出の意図的な増加と減少といえよう。ケインズ (Keynes, J. M.) の『**一般理論**』の発刊以前においては、公共支出は民間支出と競合して、民間部門の

資源と労働力を、単純に公共部門に移転するだけに過ぎないとされた。その結果、民間経済を攪乱させるだけで、非自発的失業の解消には寄与しない、という考え方が支配的であった。こうした考え方は、『一般理論』の登場により180度転換されたのである。すなわち、財政活動を常に最小規模に制限するという考え方から、完全雇用の実現のために、財政政策を積極的に使用することが肝要である、という考え方へのコペルニクス的転換が生じたのである。特に、ケインズの考え方は「不況の経済学」と呼ばれるように、不況期には公債発行を行い、総需要を刺激して、景気回復を図ることを提唱したのである。

　しかし、公共支出に関しても欠点が存在している。経済的に無駄の多い非効率的なものになる傾向があるということ、金融政策と比べて**時間の遅れ**（time lag）が存在することなどが指摘されている。その結果、財政政策だけでは経済の安定化を十分になし得ないといえるであろう。

　筆者は財政政策を自動安定装置と任意決定の財政政策の２つに区分してきたが、注意を要する点が一つある。それは、こうした財政政策が対象としているのは、総需要の管理という側面を重視しているということである。しかし、総需要の管理によって解決できるインフレーションは、総需要が物価上昇を引き起こす**デマンド・プル・インフレーション**（demand pull inflation）だけであろう。インフレーションには、生産費上昇による**コスト・プッシュ・インフレーション**（cost push inflation）なども存在する。この種のインフレーションに対しては、上述のような財政政策は効果を有しない。特に、賃金の上昇率がインフレーションの主たる要因である場合、所得政策などを導入して、政府が賃金決定過程に介入し、貨幣賃金の上昇率を一定限度に抑制しなければならないであろう。また、所得政策は、賃金だけに限定されるものではなく、その他の所得に対しても適用される。

　現代社会は、絶えず景気変動を余儀なくされている。これは、資本主義の特徴であるといえよう。1930年代の世界恐慌、1950年代のクリーピング・インフレーション、1970年代のスタグフレーション、1980年代後半の**バブル経済**の発生と1990年代初頭のバブル経済の崩壊、2000年代の**リーマンショック**

を契機とする世界的な経済危機に続く不況は、景気変動が惹起した典型的な例といえるであろう。以上のような景気変動が、市場経済のもつ独特な不安定性に依存するものとすれば、公共部門がこの不安定性を、可能な限り緩和しなければならないという考え方が擡頭してくるのも、当然の帰結といわざるを得ない。すなわち、景気変動によって、物価上昇が生じる場合には、公共部門が公共支出や租税負担の増減を行う必要がある。他方で、拡張的な財政政策の行き過ぎは、財政赤字の増大をもたらす危険を有しており、財政の機能にだけ依存するのは、問題であるといえる。それゆえ、金融政策の採用に加え、規制緩和および経済構造改革などを組み合わせた**ポリシー・ミックス**（policy mix）の必要性が不可欠なのである。

コラム：新型コロナ対策と「転移効果」

　財政に関する唯一の法則として、**経費膨張の法則**が存在する。19世紀末の
ドイツの財政学者**ワグナー**（Wagner, A.）は、近代資本主義財政における経費
支出は次第に膨張増大せざるを得ないとし、現実にそうなっているという法
則を定式化して以来、よく知られている。彼は、経費膨張の原因として、軍
事費、社会政策費および経済費の３つの増大をあげたが、現在では、社会保
障費、インフラ投資および国防費がその要因と考えられる。この経費膨張の
法則の妥当性は別としても、資本主義諸国の国家予算が膨張し続けているこ
とは、否定できない事実であろう。彼の経費膨張の法則を基礎として、**ピー
コック**（Peacock, A. T.）と**ワイズマン**（Wiseman, J.）は、**転移効果**という効果
を付加した。転移効果とは、経費の膨張は戦争や不況を契機として、以前の
経費の水準から高い水準へと飛躍的に上昇し、これらの危機が収束しても、
もとの水準には戻らないというものである。
　この転移効果は、現在の新型コロナ対策やウクライナ問題に関する、各国
の経費増大も大きな要因となっている。

○引用・参考文献

井手文雄『新稿近代財政学（第３改訂版）』税務経理協会、1976年。

大淵利男・大淵三洋『現代財政の理論』学文社、2001年。

大淵三洋『イギリス正統派経済学の系譜と財政論』学文社、2005年。

楠谷清ほか『財政学入門』八千代出版、2018年。

ケインズ, J. M. 著・塩野谷祐一訳『ケインズ全集第７巻　雇用・利子および貨幣の
　一般理論』東洋経済新報社、1983年。

小林里次ほか『財政の経済学』高文堂出版社、1997年。

佐藤進・関口浩『財政学入門（新版）』同文舘、2019年。

林宏昭ほか『入門財政学（第２版）』中央経済社、2015年。

林榮夫『経済学全集18　財政論』筑摩書房、1968年。

本間正明ほか『財政論』培風館、2019年。

第 7 章

国民経済計算と国民所得の決定

第1節　国民所得とは何か

　国民経済計算は、わが国の経済の全体像を国際比較可能な形で体系的に記録することを目的に、国連の定める国際基準（SNA）に準拠しつつ作成される。このSNAとはSystem of National Accountsの略であり、「国民経済計算」または「国民経済計算体系」と訳される。これは一国の経済の状況について、生産、消費・投資といったフロー面や、資産、負債といったストック面を体系的に記録することを狙いとする国際的な基準であるため、世界各国と同様の基準で比較することが可能である。

　国民所得とは国民全体が得る所得の合計であるが、それは財貨やサービスの生産により生み出されたものであることが条件となる。ということは、生産に参加せずに他人から受け取った贈与は所得の「移転」に当たるため、相続や年金による収入とともに国民所得には算入されない。また、生産活動に伴う収入の源泉であるからといって、様々な産業で生産された生産額を単純に合計すれば国民所得額が得られるというものではない。それは、たとえば「生産動態調査」や「工業統計表」から得られる自動車工業の生産額には、自動車の生産に必要な鋼板、プラスティック、ゴム、ガラスといった原料も含まれているからである。これらは実は他の産業によって生産されたものであり、こういった原材料・エネルギーやその他の中間製品は、自動車工業のネット（純）の生産物ではない。自動車工業が本当に付加した価値は、グロス（粗）の生産額からこのような中間製品を取り除いた残余である。この残余のことを普通は「付加価値」と呼ぶ。自動車工業が生み出したこの付加価

値は、自動車工業で追加した賃金・俸給、利潤、利子配当、レント等によって構成される。つまり自動車工業の総生産額から他産業により供給された中間製品を差し引いた残りの価値が付加価値になる。この付加価値はしばしば「粗付加価値」と「絶対付加価値」とに分けて使われる。絶対付加価値というのは、すでに述べたように、その産業で追加した賃金・俸給、利潤、利子・配当、レント等の合計で、粗付加価値はそれに減価償却費を加えたものである。そして、いうまでもなく、国民所得の一部としての個々の産業や企業の付加価値は絶対付加価値でなければならない。

国民所得が国民所得であるためにはそれが生産活動によって生み出された所得であることが必要条件であり、単なる財の「移転」は含まれないということを述べたが、具体的に財の移転に含まれるものには、相続や「年金」の支払い、「公的扶助」といったものがある。また、たとえば保有する土地や在庫品、あるいは株式の値上がりから生ずる利益等の**キャピタル・ゲイン**や、値下がりから生ずる損失のような**キャピタル・ロス**も国民所得には含まれない。

在庫品について詳説すると、保有している在庫品が値上がりする場合には、それだけで在庫金額の上昇が発生する。ただ、この場合、単なる在庫品評価の値上がりのために棚卸資産額が増えるということはいえても、それは国民所得における在庫投資（在庫品増加）の増大とは別である。在庫品の単なる値上がりは、在庫品の金額の増大には相違ないのだが、それが国民所得の一部に含まれるには、在庫品の「実質的な増加」を伴わなければならない。在庫品の実質的な増加をその期の平均価格で金額評価したものだけが実は在庫投資であり、国民所得の一部を形成する。そういう意味で、国民所得を考える場合、それが財貨・サービスの生産によって裏づけられたものであることが絶対に必要になる。

以上のように定義される国民所得の概念に基づき、日本では内閣府経済社会総合研究所の作成する国民所得勘定（国民所得統計）において国民所得が把握されている。その推計方法は以下の３つである。

① 生産　　各財貨・サービスの生産額から中間投入を控除して得られる

付加価値額を集計する方法。

　②　支出　　消費や投資などその期間内に他の生産過程で原材料費等として使用されることのない最終需要を集計する方法。

　③　分配　　賃金や利潤等の分配された所得を集計する方法。

　代表的な計数は**国内総生産（GDP）**と**国内総支出（GDE）**である。GDPにはそのときの市場価格で評価した名目GDPや、名目GDPから物価の変動による影響を差し引いた実質GDP、財・サービスの価格変動のみを数値に反映させるGDPデフレーターがある。国内総生産は分配国民所得の概念に、国内総支出は支出国民所得の概念にそれぞれ対応している。一般的に国の経済規模を表す数値として用いられることが多いGDPであるが、海外からの純所得の受取を含んでいないため、グローバル化の進んだ現代の経済構造に適しているのは下記にあげる**国民総所得（GNI）**ではないかとの議論もある。

　図7-1に示すように、国内総生産は最終需要の合計である国内総支出と

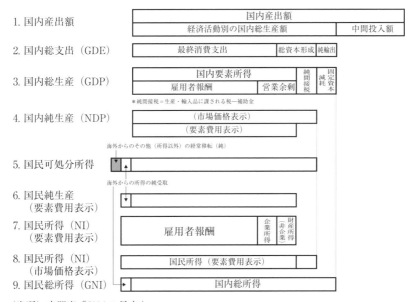

（出所）内閣府「SNAの見方」
　　　　https://www.esri.cao.go.jp/jp/sna/seibi/kouhou/93kiso/93snapamph/chapter1.html

図 7-1　国民所得の概念

定義的に等しい。この国内総生産を基礎として、様々な目的に応じた様々な基準による計数が算出される。

　第1は国内概念と国民概念という基準による表示の方法で、国内総生産に海外からの所得の純受取を加えると国民総所得となる。これは各経済主体が(海外からも含めた) 受け取った所得の総計ととらえることができる。第2は総概念と純概念という基準による表示の方法で、国民総所得から固定資本減耗分と純間接税分を控除すると、**国民純生産（NNP）**となる。固定資本の減耗とは、生産活動により減耗あるいは減失した機械設備の評価額である。第3は市場価格表示か要素費用表示かという基準による分類である。生産物の市場での取引価格は企業が生産した価格より間接税を賦課された分だけ高くなり、政府から支給された補助金の分だけ安くなる。そこで、市場で取引された価値で計られた計数を市場価格表示、そこから間接税分を控除し補助金分を加えた、企業が生産した価値で計られた計数を要素費用表示という。

　計数には名目値と実質値がある。ある年度の計数はその年度における物価で計られており、これを名目値という。したがって、たとえば前年度の計数と比較するに際しては、物価変化分が計数に反映されていることに注意しなければならない。極端なケースをいえば、たとえ両年の商品の生産量がまったく同じであったとしても、インフレーションが進行し価格が2倍になっていれば、その年度の計数は前年度の2倍になる。そこで、物価指数を使って物価上昇による計数の膨らみの影響を除去し、真の一国の経済活動規模をとらえた数値を実質値という。

　GNIの定義式は以下のとおりである。

　　　　名目GNI＝名目GDP＋海外からの所得の純受取
　　　　実質GNI＝実質GDP＋交易利得＋海外からの所得の純受取

第2節　三面等価と有効需要の原理

　一国における経済活動の規模は、生産、支出、分配の3つの面から把握で

きるが、これらは等しくなるというものが、**三面等価の原則**である。三面等価の原則とは、GDPを生産・支出・分配の３つの観点から見たとき、すなわち、生産面のGDP、支出面のGDP、分配面のGDPを考えるとき、それらは常に同じ金額になるという国民経済計算上の原則である。経済の循環は、財・サービスの生産、生産された財・サービスの価値（収入）の分配、分配された価値（収入）の消費という一連の流れで成立しているため、生産・分配・支出が同一になるのは必然であるといえる。国内で生産された財やサービスは必ず何かの用途に利用され生産と同額の支出が行われる。生産で生まれた付加価値は、すべて誰かに帰属しているので、賃金や企業所得などに分配される。このため国内総生産は、企業などの生産活動の側から見ても、家計の消費支出や企業の設備投資などの支出側から見ても同額になる。したがって国内総生産と国内総支出は等しくなる。実際の統計では誤差があるため、生産側からの推計値と支出側からの推計値を一致させるために、統計上の不突合という調整項目を計上して、表７‒１のように、２つの側面から推計したGDPが一致するようにしてある。また、表７‒２では、国民可処分所得とその使用勘定が一致していることが見て取れる。

　日本の国民経済計算では、2004（平成16）年度確報から、国内総支出という表記を止め、「国内総生産（支出側）」と呼ぶようになった。雇用者報酬や営業余剰・混合所得など分配面からの国内総生産は「国内総生産（生産側）」と表記されている。この三面等価の原則から、生産GDP（供給）＝支出GDP（需要）となるはずであるが、この関係は在庫等（企業の意図せざる需給の不一致）を含めて初めて成立するもので、企業が意図した生産（供給）がその時点でそのまま実現する（＝需要と一致して過不足なく売れる）とは限らない。

　需給の不一致は市場を不安定にさせるため、是正されなければならない。そのための有効策として財政・金融政策により需要面の改善を図ることがあげられる。また、企業が総需要に見合うように、総供給（生産）を調整することにより、市場の均衡が回復されるという**有効需要の原理**の考え方もある。ここでいう有効需要とは、所得によって裏づけられた需要という意味である。

表 7-1　国内総生産勘定（フロー編統合勘定）

(10億円)

項目	2018年度	2019年度	2020年度
雇用者報酬	282,308.9	287,887.9	283,560.0
営業余剰・混合所得	98,233.9	90,991.6	72,978.3
固定資本減耗	132,912.2	134,749.1	135,632.6
生産・輸入品に課される税	45,939.3	46,467.8	48,947.0
（控除）補助金	2,988.8	3,161.9	3,116.0
統計上の不突合	− 101.8	372.1	− 2,492.1
国内総生産	**556,303.7**	**557,306.5**	**535,509.9**
民間最終消費支出	304,860.7	303,609.6	286,940.4
政府最終消費支出	109,092.5	111,836.8	113,706.0
総固定資本形成	140,950.8	142,487.2	135,240.7
在庫変動	2,148.9	1,310.6	41.5
財貨・サービスの輸出	101,161.2	95,728.7	84,125.3
（控除）財貨・サービスの輸入	101,910.4	97,666.3	84,544.0
国内総生産	**556,303.7**	**557,306.5**	**535,509.9**

平成27年基準（2008SNA）
（出所）内閣府経済社会総合研究所「国民経済計算年次推計」

表 7-2　国民可処分所得と使用勘定（フロー編統合勘定）

(10億円)

項目	2018年度	2019年度	2020年度
民間最終消費支出	304,860.7	303,609.6	286,940.4
政府最終消費支出	109,092.5	111,836.8	113,706.0
貯蓄	29,687.3	27,349.0	18,443.8
国民可処分所得／国民調整可処分所得の使用	**443,640.4**	**442,795.4**	**419,090.2**
雇用者報酬	282,308.9	287,887.9	283,560.0
海外からの雇用者報酬（純）	115.1	106.6	103.7
営業余剰・混合所得	98,233.9	90,991.6	72,978.3
海外からの財産所得（純）	21,610.8	21,661.0	19,053.5
生産・輸入品に課される税	45,939.3	46,467.8	48,947.0
（控除）補助金	2,988.8	3,161.9	3,116.0
海外からのその他の経常移転（純）	− 1,578.7	− 1,157.5	− 2,436.3
国民可処分所得／国民調整可処分所得	**443,640.4**	**442,795.4**	**419,090.2**

平成27年基準（2008SNA）
（出所）内閣府経済社会総合研究所「国民経済計算年次推計」

第3節　国民所得の決定

　前節で述べたように三面等価の原則から、総需要と総供給は等しくなる。ここで総供給を Y で表し、総需要の中身である消費支出（消費財への需要）を C、投資支出（投資財への需要）を I で表す場合、以下の式が成り立つ。

$$Y = C + I$$

　この式を**需給均衡式**と呼ぶ。

　C の消費支出は家計が行うが、どのように決定されるかについてシンプルに考えてみる。家計は所得のうち生存に必要最低限の金額を消費し（基礎消費 C_0 で表す）、その後所得の大きさに応じて消費を行う。そして余りを貯蓄（S で表す）すると考える。所得の増分に占める消費の増分のことを**限界消費性向**（C_1 で表す）という。つまり限界消費性向は、収入が増えた際にどれだけ消費に充てるかの割合ということである。また、限界消費性向はまったく消費しない 0 より大きく、すべて消費する 1 より小さいため $0 < C_1 < 1$ となる。ここでは国全体の消費支出を求めるため、限界消費性向に国民所得（Y で表す）をかける。この消費支出を式で表すと以下のとおりである。

$$C = C_0 + C_1 \times Y \quad (0 < C_1 < 1)$$

　一方、投資支出は企業が行う。ここでは、金融（貨幣）に関わる利子率は一定と考え、短期的な枠組みを考えるとすると、投資支出（I と表す）はある一定の投資額（I_0 と表す）で行われることになる。

$$I = I_0$$

　これらの式を連立方程式として解くと以下のようになり、**均衡国民所得**（Y^*）が得られる。

$$Y^* = \frac{1}{1 - C_1}(C_0 + I_0)$$

118

経済の総需給と総供給とが等しくなるような国民所得を均衡国民所得とい い、その水準では貯蓄投資バランスが成立している。

家計が自らの所得をどのように使うかに注目すると、$Y=C+S$となる。

結果として、市場が均衡する（$Y=C+I$）とき、$I=S$という条件も成立する。

投資が変化した場合に、国民所得がどのように、どれだけの大きさ変化す るかを考える。変化を式で表す場合はギリシャ文字のΔ（デルタ）を用いる。 投資の増加分をΔI_0とした場合、以下のように表される。

$$\Delta Y^* = \frac{1}{1-C_1}(C_0+\Delta I_0)$$

①　投資が増加すると、投資財産業で超過需要が生じ、投資財産業の供給 量が増加する。その結果、国民所得が増加する。

②　国民所得の増加は、消費をその限界消費性向分だけ増加させる。

③　消費の増加は消費財産業の生産を拡大させ、所得分配を通じて国民所 得を増大させる。

④　②と③のプロセスが繰り返され、国民所得はますます増大していく。 ただし、限界消費性向は1以下であるため、その波及効果は次第に小さく なっていく。

結果として、ΔIだけの投資が増大した場合、国民所得がどれだけ変化す るかを表すため、$1/(1-C_1)$の ことを**投資乗数**という。

これまで出てきた内容の基本部 分をグラフで表したものが図 7−2にある45度線分析である。

これは縦軸に総供給・総需要、 横軸に国民所得を取ったグラフで あり、縦軸も横軸も数量としてい るため、グラフには価格（物価） は出ていない。また、総供給と総

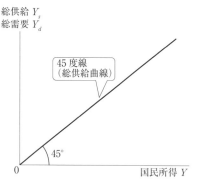

図7-2　45度線分析

需要は一致するため、原点を通る右上がりの45度の線になる。Y_s の s は supply、Y_d の d は demand を表す。

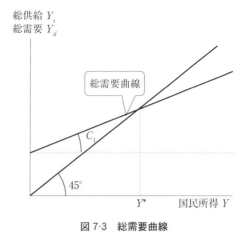

図 7-3　総需要曲線

次にこのグラフに総需要を表す線を加えると図7-3のようになる。その際の直線の傾きが限界消費性向（C_1）となる。また、限界消費性向は $0 < C_1 < 1$ の値を取るため、傾きは1より小さくなる。この2つの直線が交差する点が均衡国民所得（Y^*）を表す。

第4節　政府活動と国民所得

　これまでの家計と企業の活動に加えて、政府の経済活動も考慮に加えるとき、総需要には、消費支出・投資支出に加え、政府支出が加わる。

　家計が自由に使えるのは、所得ではなく、そこから租税分を差し引いた可処分所得となる。ここでは短期の場合を考え、投資・政府支出・租税額はある一定の金額であると仮定する。これらの想定の下で、政府活動を考慮した国民所得決定モデルは以下のようになる。

　まず、政府支出を G とすると、

$$Y = C + I + G \qquad ①$$

となり、租税を T とすると、

$$C = C_0 + C_1 \left(Y - T_0 \right)$$

と表すことができる。

　また、投資決定式は $I = I_0$、政府支出決定式は $G = G_0$、租税決定式は $T = T_0$

とそれぞれ表され、それぞれを①に代入すると以下のようになる。

$$Y^* = \frac{1}{1 - C_1}(C_0 - C_1 T_0 + I_0 + T_0)$$

　政府部門を考慮したモデルでは、貯蓄は$S = Y - T - C = -C_0 + (1 - C_1)(Y - T)$となる。この結果、貯蓄と投資を用いた均衡条件式は$S + T = I + G$と表される。

1　政府支出乗数と租税乗数、均衡予算乗数

　政府支出水準がG_0からG_1にΔGだけ増加したとすると、

　①　ΔGだけ国民所得が増加した結果（一定と考えられている投資支出・租税に変化はないが）消費支出が$c \Delta G$だけ増加する。

　②　消費支出が増加した結果、所得分配が増大し、さらに限界消費性向分だけ消費が増える。

　③　この波及効果は、限界消費性向が1以下の値であるため、次第に小さくなっていく。

　結果として政府支出がΔGだけ増加したときの均衡国民所得の増分（ΔY）は$1 / (1 - C_1) \Delta G$となり、$\dfrac{\Delta Y}{\Delta G} = \dfrac{1}{1 - C_1}$を政府支出乗数と呼ぶ。政府支出乗数は投資乗数と同じ大きさになる。すなわち、同額の投資増加と政府支出増加は、国民所得に同じだけの効果をもたらす（国民所得を増大させる）。

　ΔT分の減税が行われると、その分可処分所得が増加し、

　①　$C_1 \Delta T$分消費支出が増加する。

　②　消費支出が増加した結果、所得分配が増大し、さらに限界消費性向をかけた分だけ消費が増える。

　③　この波及効果は、限界消費性向が1よりも小さい値であるため、次第に小さくなる。

　減税が行われると国民所得は増加するが、増税はその逆の現象が起こるため、変化の方向の符号が通常と逆になることに注意が必要である。ΔT分の減税が行われたときの均衡国民所得の増分（ΔY）は$C_1 / (1 - C_1) \Delta T$となり、

$\varDelta Y / \varDelta T = C_1 / (1 - C_1)$ を租税乗数と呼ぶ。限界消費性向 C_1 は 1 より小さいため、租税乗数は投資乗数や政府支出乗数より小さい（国民所得への影響度が小さい）ことがわかる。

また、政府支出の増加をすべて増税によって賄うとき、国民所得がどのように変化するのかを考える。すると、$\varDelta G = \varDelta T$ となるため、以下のようになる。

$$\varDelta Y = \frac{1}{1 - C_1} \varDelta G - \frac{C_1}{1 - C_1} \varDelta T = \frac{1 - C_1}{1 - C_1} \varDelta G = \varDelta G$$

均衡予算乗数は 1 となり、たとえ政府支出を増加してもその財源がすべて税金によるときには、国民所得への効果は政府支出増加（＝増税）分ということになる。

2　インフレギャップとデフレギャップ、有効需要管理政策

完全雇用（失業が存在しないこと）は重要な経済政策の目標である。完全雇用の状態を維持することができるだけの国民所得の水準を、完全雇用国民所得 Y_F とする。もしも、現在の国民所得水準 Y_0 が Y_F を下回っているならば、失業が存在している。このとき、政府が政府支出を適切な額の $\varDelta G$ だけ増やすことで完全雇用国民所得を達成できるならば、失業が解消し、完全雇用が達成される。この適切な政府支出の増分の大きさを**デフレギャップ**という。

逆に、現在の国民所得水準 Y_1 が完全雇用国民所得水準を上回り、インフレ圧力が存在する場合には、政府が政府支出を適切な額だけ減らせばそれを解消することができる。この適切な政府支出の減少分を**インフレギャップ**という（図7-4参照）。

これらの完全雇用を達成するために政府支出・租税を調整する政策を**有効需要管理政策**と呼ぶ。

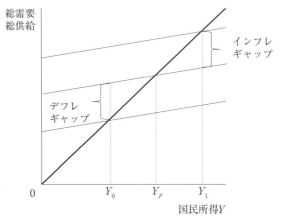

図7-4　インフレギャップとデフレギャップ

第5節　貿易と国民所得

　基本のモデルに加えて外国貿易を考慮した場合、総需要には、消費支出・投資支出に、輸出が加わり、輸入が差し引かれる。消費・投資のメカニズムは基本モデルと同じと考える。輸出や輸入はその国の様々な要因——その国の豊かさ、物価水準、世界経済の状況、物価状況、外国為替の水準など——に依存する。ここでは、単純化のため、輸出はある一定額、輸入はその国の国民所得水準のみに依存して決まると仮定する。これらの想定の下で、外国貿易を考慮した国民所得決定モデルは次のようになる。

　まず、輸入をX、輸出をMとすると、

$$Y = C + I + X - M$$

となり、輸出決定式は、

$$X = X_0$$

となり、輸入決定式は、

$$M = mY$$

となる。この m は限界輸入性向であり、所得の追加的な増加に対して輸入の追加的な増加がどの程度あるかを示す値で、$0 < m < 1$ と考えられる。均衡国民所得（Y^*）をこれまでのように解くと以下のようになる。

$$Y^* = \frac{1}{1 - C_1 + m}(C_0 + I_0 + X_0)$$

　外国貿易を考慮したモデルでは、貯蓄が $S = Y$ となることに注意すると、均衡条件式は $S + M = I + X$ と表すこともできる。

　輸出が増加したとき、国民所得や貿易収支がどのように変化するのかを考える。輸出の水準が ΔX だけ増加したとすると、

①　ΔX だけ国民所得が増加した結果、消費支出が $(C_1 - m)\,\Delta X$ だけ増加する。

②　消費支出が増加し所得が $C_1 \Delta X$ 増大する一方、輸入が $m \Delta X$ だけ増加し、その分需要が外国に流出し、所得が減少する。結果として、限界消費性向と限界輸入性向の差 $(C_1 - m)\,\Delta X$ だけ所得が増える。

③　この波及効果は、次第に小さくなっていく。

　この結果、輸出の水準が ΔX だけ増加したときの均衡国民所得の増分（ΔY）は以下のとおりである。

$$\Delta Y = \Delta X + (C_1 - m)\,\Delta X + (C_1 - m)^2 \Delta X + \cdots\cdots = \frac{1}{1 - C_1 + m}\Delta X$$

　輸出の国民所得への影響度、$\Delta Y / \Delta X = 1 (1 - C_1 + m)$ を**貿易乗数**と呼ぶ。限界輸入性向が正の値を取るため、貿易乗数は政府支出乗数や投資乗数よりも小さな値となる。

コラム：資本主義が生み出した共産主義的ビジネス・モデル

　マルクスは「資本主義はその失敗により滅びる」と主張し、シュンペーターは「資本主義はその成功により滅びる」と述べた。近代の世界はソ連邦の崩壊や中国の資本主義システム導入の成功から、共産主義に対する資本主義の勝利であると考える人々が多数派であろう。しかしながら、この2名の経済学者が主張した内容は成功にせよ失敗にせよ、その評価を下すことは、ロシア革命が起きた当時では不可能であったはずだ。また、近年では資本主義システムの短所である経済格差の拡大が世界中に広がり、多くの経済学者が資本主義の限界説を唱え始めている。共産主義の特徴の一つとして「私有」を認めないというものがある。この章では資本主義において消費が経済成長に必須であることを述べたが、消費する前に所有することが前提となる。しかし、現在の状況下で、われわれの身近な生活において共産主義的なビジネス・モデルが流行の兆しを見せている。たとえば「カーシェアリング」というシステムでは、自分で自動車を所有する代わりに、使いたいときに企業が保有する車を利用することができる。これは所有する代わりに利用する権利を購入するということであり、それを選択することが増えることは共産主義的なシステムに対する違和感が少なくなってきていることを意味しているのではないだろうか。共産主義は革命を伴って短期間にシステムが変化するとのイメージが強いが、民主主義体制の上に徐々に変化していくということも考えられるのではないだろうか。

○引用・参考文献

伊東光晴『ケインズ』岩波新書、1962年。

宇沢弘文『ケインズ「一般理論」を読む』岩波書店、1984年。

ケインズ, J. M. 著、塩野谷祐一訳『ケインズ全集7　雇用・利子および貨幣の一般理論』東洋経済新報社、1983年。

サムエルソン, P. A.・ノードハウス, W. D. 著、都留重人訳『経済学　上・下』岩波書店、1992年。

篠原三代平・佐藤隆三責任編集『サミュエルソン経済学体系1　国民所得分析』勁草書房、1979年。

シュルツ, C. L. 著、塩野谷祐一訳『国民所得分析』東洋経済新報社、1965年。

丹野忠晋『経済数学入門　初歩から一歩ずつ』日本評論社、2017年。

中谷巌『入門マクロ経済学』日本評論社、2007年。

マンキュー, N. G. 著、足立英之ほか訳『マンキューマクロ経済学』東洋経済新報社、2011年。

ロジャーズ, C. 著、貨幣的経済理論研究会訳『貨幣・利子および資本―貨幣的経済理論入門―』日本経済評論社、2004年。

内閣府HP「国民経済計算（GDP統計）」https://www.esri.cao.go.jp/jp/sna/menu.html

第 8 章

財市場と貨幣市場の均衡と経済政策

　マクロ経済学では、財市場における需給の均衡点で経済全体の産出量水準（GDP）が決まり、貨幣市場における需給の均衡点で利子率が決まると分析される。しかし、財の需給は利子率にも影響を与えるし、貨幣の需給もGDPに影響を与える。日本は長くデフレ状態にあったため、政府・日本銀行もデフレを解消して経済を成長させる（GDPを拡大する）ために金利を低く維持するという経済政策を実行してきたが、これが国民所得の拡大につながっていかない。こうした状況も踏まえ、政府が一国の経済水準を適切な方向に誘導していくに当たり、経済政策が有効に機能するかどうかということを分析することが本章の目的である（本章の内容は、本書の先行書である大淵・芹澤〔2018〕の第9章「経済政策」の記述によっている）。

　これまでの経済学の教科書では、財市場と貨幣市場の同時均衡を分析するに当たって、*IS-LM*分析という手法が用いられてきた。しかし近年の日本のように、金利を低下させて貨幣供給量を増やすという手法が、経済の活性化としてあまり効果をもたないこともあり、*IS-LM*分析の出番は少なくなってきているかもしれない。しかし、経済政策を実施する際の「出発点」を理解するための手法として、*IS-LM*分析は引き続き有益な視点を提供してくれる。

第1節　*IS*曲線と*LM*曲線

1　企業の投資行動

　マクロ経済の主体としての企業を考えるとき、企業は財・サービスの生産

者であるとともに、それらを生産するのに用いる他の財やサービスの購入者でもある。たとえば、製造業であれば自動車やスマートフォンを生産する一方で、工場で用いるロボットや工作機械、輸送のためのトラックやコンテナ、カートンなどが必要な投入財として購入される。それゆえ、財市場における総需要には家計による消費だけではなく、企業の投資支出も含まれる。

　企業が生産設備に投資を行って新たな工場の建設や機械などの導入を行えば、結果として生産量が増加し、その企業の売上は拡大することになる。ここでハンバーガーショップの出店戦略を考えてみよう。オリジナルハンバーガーを売りにしたショップを新規に出店する場合、最大の利益を得ようとすれば、日本で最も人が集まり、最も儲かりそうな場所に出店するのが最適な出店戦略となるだろう。実際に、駅前の繁華街にハンバーガーショップをはじめとする飲食店が多く出店しているのは、そうした理由からだ。

　このとき、ハンバーガーショップは1号店が成功したので、支店の出店を計画することとなった。この場合、2号店は日本で2番目に儲かりそうな場所に出店し、3号店は3番目に儲かりそうな場所に出店することが合理的な戦略となる。しかし1号店が最も儲かりそうな場所に出店したのだとすれば、（店舗の規模が同じだとすれば）2号店は1号店の儲けを上回ることはできないし、3号店以下も先に出店した店の儲けを上回ることができないはずである。出店を続ければハンバーガーショップチェーン全体の利益総額は拡大していくかもしれないが、利益の大きさが次第に減少する**限界効用逓減の法則**が働き、後から出店した店舗から得られる追加的な利益は1号店の利益からは減少していくことになる。皆さんも、どんなに美味しいハンバーガーでも最初の1個は美味しく食べられても、2個目、3個目と食べていくと、ハンバーガー1個を食べることから得られる満足度が徐々に低下していくことに気づくだろう。経済全体に置き換えてみると、追加投資が生み出す追加利益は徐々に減少していくということになるわけである。

2　投資と利子率

　企業が利益を増やすために投資を行うには、資金が必要である。支店や工

場を建設し、生産設備を購入してそこで働く労働者を雇用するには、一定の資金が必要となる。しかし多くの企業は最初からそうした資金を十分に有しているわけではない。資金が不足していれば、これを市場から調達する必要がある。具体的には、銀行からの融資を受けたり、株式や社債を発行（追加発行）したりすることで資金を調達し、これを投資に当てるのである。このとき、銀行から融資を受ける企業にとって重要なのは、融資を返済する際の利子率がどれくらい高いのか、ということになるだろう。

　企業が投資を行う際に融資を受けるならば、利子率は低いほどよいということになる。しかし、経済全体が「今は儲かりそうだ」というときには、多くの企業が投資を決断し、経済全体での資金の需要、すなわち融資の総額も拡大する。そうなると、市場で活動する金融機関が保有する資金の供給量に対して多くの需要が発生することとなるため、利子率は上昇する（希少なもの、不足しているものほど価格は高くなることを思い出してほしい）。逆に経済が停滞しており、「今はあまり儲かりそうな局面ではないな」と考える企業が増加すると、投資意欲は低下し、融資を受けたいとする需要は減少するので、結果として利子率は低下することになる。

3　最適な投資水準

　投資を考える企業は、「投資を行う際には限界効用逓減の法則が働く」ということと、「投資を行う際には利子率が低い方がよいが、儲かりそうなときほど利子率は高くなる」という状況を考慮しながら、投資を行うかどうか、投資金額をどれだけにするかを検討することになる。それではこうした条件の下、企業は投資の水準をどのように決定するのであろうか。答えを先にいうと、「投資から得られる利益率と、融資に対する利子率が等しくなるまで」投資を行う、ということになる。

　ここで利益率とは、投資総額に対して何％の利益が得られたかというものである。たとえば、ハンバーガーショップの出店に1000万円の費用が必要となるとき、そのハンバーガーショップが100万円の利益（売上ではなく利益である）を得られれば、利益率は10％ということになる。前述したように、限界

効用逓減の法則が働く中、新規出店から得られる追加の利益は、それ以前に出店した店舗の利益よりも小さくなる。2店舗目の利益率は10%より小さくなり、3店舗目、4店舗目の利益率はさらに小さくなっていく。

　このハンバーガーショップチェーンが、各店舗独立採算の原則で運営されるならば、最適な出店数は最後に出店した店舗の利益率と利子率が一致するときの店舗数ということになる。もちろん、ハンバーガーショップチェーンがチェーン全体で利益を配分することになれば、全店舗の平均利益率が利子率と一致するところまで出店を続けることができる。単独の店舗で赤字が出ても、店舗数の拡大による露出の増加がよい広告戦略になると判断されれば、少なくとも全店舗の平均利益率が利子率に一致するところまでは、企業としては投資を拡大することが可能となる。

4　国民所得と利子率の関係：*IS*曲線

　一国のマクロ経済において、海外との貿易を捨象すれば（閉鎖経済）、

$$Y = C + I + G \qquad ①$$

という関係が成立している。すなわち、**国民所得**（Y）は家計消費（C）と企業の投資支出（I）と政府支出（G）の合計、ということである。このことから、企業の投資支出（I）が増加すれば国民所得（Y）も増加する。ここで、貯蓄（S）とは、（可処分）所得のうち、消費されなかった残りの部分のことである。経済では、消費されなかった所得である貯蓄が銀行の融資や債券発行などにより投資に回っていくのである。よって、①式においては、I（投資）＝S（貯蓄）という関係が同時に成り立っている。

　企業の投資支出は利子率（r）が低下すれば増加し、利子率（r）が上昇すれば減少することになるので、rが低下すればYは拡大し、rが上昇すればYは減少することになる。このrとYの関係をグラフで示せば、図8-1のように右下がりとなる。これが**IS曲線**である。*IS*曲線は、投資（Investment）と貯蓄（Saving）が均衡しているときの、国民所得と利子率の関係を示したものである。利子率がr_1からr_2に低下すると、国民所得がY_1からY_2へと

増加していることがわかる。

5　貨幣市場と貨幣需要

　前項では財市場について見て
きたが、次に貨幣市場について
見ていくことにしよう。貨幣市
場とは、財やサービスを販売・
購入する際のみならず、企業が
設備投資を行う際にも必要とな
る「資金」についての市場であ
る。この貨幣市場においては、

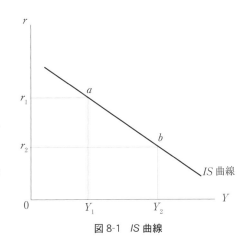

図 8-1　*IS* 曲線

貨幣が豊富にあるのか、不足しているのか、そしてどのような状態のときに
貨幣が豊富に存在したり、不足したりするのかということを通じて、貨幣の
需要と供給が決まることになる。

　このとき、「現金」を保有することだけが貨幣の保有ではない。ここでの
貨幣とは、現金と同様に使用できる、銀行に預けられた各種預金も含んだも
ののことである。もちろん、財布の中に現金を保有しておくことは最も使い
勝手がよく、このとき、経済学では貨幣の「**流動性**が高い」と表現する。銀
行に預金を保有することや、個人がスマートフォンのアプリに電子マネーを
チャージしておくことなどは、現金の保有に近い流動性を確保できるが、現
金しか受け入れられない決済の場合、たとえばお祭りの縁日や野菜の路上無
人販売での支払いといったケースでは、銀行口座での預金の保有や、スマー
トフォンに電子マネーを保有していることは、流動性が確保されないという
ことになる。

　このように貨幣の流動性は、貨幣の保有手段や使用方法によって異なって
くるわけだが、貨幣の需要（**貨幣需要**）はどのようなときに発生するか、い
くつかのケースに分けて考えてみよう。貨幣需要が発生する動機は、大きく
分けて、①財やサービスを消費する際に用いる、取引動機に基づく貨幣需要、
②不意の支出や将来の備えとして貨幣を保有する、予備的動機に基づく貨幣

需要、そして、③貨幣そのものに貨幣を稼ぎ出してもらう、投機的動機に基づく貨幣需要、の3つに分類することができる。

　まず①取引動機に基づく貨幣需要は、消費者や企業が財やサービスを消費する際に用いる、比較的流動性の高い貨幣を保有する需要である。経済学では、これを**流動性選好**と呼ぶ。消費者がコンビニでおにぎりを購入する際には、財布の中に現金を保有しておくか、電子マネーやクレジットカードといった手段で即座に使用できる貨幣を準備していなければならない。また企業の場合は、他社と取引する際に、銀行口座間での電子的な送金が可能となるよう、自らの口座に一定の資金を保有しておく必要がある。

　次に②予備的動機に基づく貨幣需要は、病気やケガで入院することとなったときの当座の費用や、将来必要となる子供の教育費用、退職後に収入がなくなったときに必要となる費用などを、前もって保有しておくという需要である。企業にしてみれば、自然災害などによる突然のオペレーションの変更に備えたり、取引先や消費者との間でトラブルが発生した際に備えて資金を保有したりしておく必要があるだろうし、将来の事業拡張のために利益を内部留保しておくといったこともこれに該当するだろう。多くの場合は、銀行預金の形か、債券など比較的安定的な資産で保有されることになる。

　最後の③投機的動機に基づく貨幣需要とは、自らの資金を安定的に増やしていくために、株や債券で保有したり、為替や先物の取引に資金を用いたりすることで、資産をより大きくしていくために用いられる貨幣の需要である。近年では、こうした資産のネット取引の手段が拡大したり、取引に当たっての税金が免除されたりすることで、投機的動機（一部予備的動機を含む）に基づく貨幣需要は急速に拡大する傾向にある。

　なお、予備的動機や投機的動機のために株や債券などを購入する際にはいったん貨幣需要が増加するが、株や債券で保有されることになった資金は経済学では「貨幣」からは除外されるということに注意が必要である（本章では、株や債券の保有を総じて「債券」と呼ぶ）。

6　資産選択とは

　投機的動機による貨幣需要は、**資産選択**として考えることができる。物価の上下などがなく、貨幣（現金や銀行預金）の価値が一定であるとの前提に立てば、貨幣は安全資産で、損をすることもなければ、儲かることもない（落としたり、盗まれたりするおそれがあるということはここでは除外する）。近年では、商品やサービスの購入に伴って付与される「ポイント」も、現金と同じように使用することができれば、貨幣の一部だとみなすことができる。

　一方、資産には、貨幣のほか、株式・国債・地方債・社債・投資信託などの形態がある。さらには金（gold）や為替といった形の資産保有も存在する。貨幣以外のすべての資産は、利子または値上がり益で儲かる反面、値下がりで損をすることもある。これらの資産は現金化することに手間がかかり、現金に比べると流動性は低いと評価される。本章では、便宜的にこれら共通する特徴をもつ資産をまとめて「債券」と呼ぶ（なお、通貨の価値の変動による値上がり益を期待するという点で、外貨の保有も貨幣ではなく「債券」の一部と考えられる）。

　すると、資産は「安全だが儲からない貨幣」でもつか、「リスクがあるが利子のつく債券」でもつかの選択になる。もちろん、すべての資産をどちらか一方で保有する必要はない。貨幣と債券の保有割合は債券の利子率に影響される。利子率が低ければ債券は敬遠され、安全資産である貨幣の需要が拡大する。逆に、利子率が高いと債券の保有が増加し、貨幣需要が減少する。

7　貨幣市場における利子率の決定

　上述したように、貨幣需要は利子率に影響される。グラフ上で縦軸に利子率を、横軸に貨幣需要を取れば、右下がりの曲線となる（図8-2）。

　さらにここに貨幣供給曲線を書き入れてみよう。貨幣供給量は中央銀行（日本の場合は日本銀行）が決定するので、利子率には影響されない。そのため、どのような利子率に対しても一定の貨幣供給量となる垂直な直線が描ける（貨幣供給量の大きさは、中央銀行の金融政策によってグラフ上で右側にも左側にも動き

134

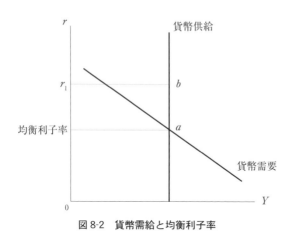

図8-2　貨幣需給と均衡利子率

得る）。この貨幣需要曲線と貨幣供給曲線が交わる点で利子率が決まる。この交点において貨幣の需給は一致している。この均衡点における利子率が均衡利子率である。

仮に現実の利子率 r_1 が均衡利子率を上回る状態だったとしよう。r_1 では、貨幣供給量（b 点）が貨幣需要量（a 点）より大きくなっている。r_1 では利子率が高いので、安全な貨幣よりも、（リスクはあるが）儲かる債券の需要が大きくなるためである。債券需要は利子率が低下すると（儲かる条件が悪化すると）減少することになる。債券需要の減少は貨幣需要の拡大を意味する。利子率が低下して債券の魅力が低下すると、相対的に債券保有のリスクが上昇することになるので、安全な貨幣を保有したいという意向が高まるためである。最終的には貨幣需要量と貨幣供給量が一致する水準まで利子率が下落し、長期的には均衡利子率に収束することになる。

8　貨幣の需要と供給の関係：LM曲線

以上を踏まえて、**LM曲線**を導出してみよう。ここで L は貨幣需要（Liquidity preference）、M は貨幣供給（Money supply）である。LM曲線は貨幣市場（および債券市場）が均衡する利子率と国民所得の組み合わせとなっている（図8-3）。

財市場において国民所得 Y が増大したとしよう。Y の増大は支払いに必要な貨幣、すなわち貨幣の取引需要を増加させる。すると貨幣市場では貨幣の超過需要が生じることとなる。この超過需要は利子率が上昇し、その結果債券需要が増大すると解消する。中央銀行が金融政策を変更せず通貨供給量

が一定であれば、債券需要の増大は貨幣需要の減少につながるためである。

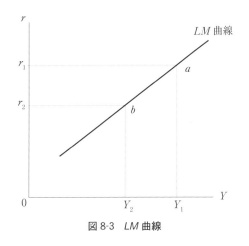

図 8-3　*LM* 曲線

　この結果、国民所得 Y が増大すると、貨幣市場が均衡するためには利子率 r が上昇しなければならないことがわかる。その逆に、国民所得 Y が減少すれば、利子率 r は低下する必要がある。この関係を、縦軸に利子率 r、横軸に国民所得 Y を取るグラフで見ると、右上がりの曲線となる。

第 2 節　金融市場への介入と政府財政

1　財政政策と金融政策の実施状況

　IS-LM 分析に入る前に、データを用いて日本政府と中央銀行たる日本銀行がどのような形で**財政政策**、**金融政策**を実行してきたかを概観しておこう。表 8 - 1 は、財政政策による政府支出を確認する観点から、まず①一般会計歳出（決算ベース）のデータを見てみよう。

　政府は経済成長につながるよう、毎年度の一般会計予算を編成し、そのときどきの経済状況に応じて、「経済対策」と称する**補正予算**を追加編成する。2000年以降の日本の一般会計歳出は、2011年に発生した東日本大震災の復興予算や、2020年初頭から広まった新型コロナに対応した各種給付金等を追加編成したため若干の変動はあるが、近年ほぼ一貫して拡大してきた。2019年度には、当初予算としては初の100兆円超えといわれたが、補正予算を含む決算ベースではすでに2009年度から歳出は100兆円を超えて拡大していた。

　日本は長く経済の低迷状態にあり、十分な税収があげられてきていなかっ

たため、巨大化した歳出に対応するためには国債の発行に大きく依存することになった。②の公債発行額も、前述の東日本大震災や新型コロナ対応のために拡大した部分はあるが、近年は30〜40兆円規模で推移しており、景気刺

表 8-1　財政政策と金融政策の実行状況

	①	②	③	④	⑤
	一般会計歳出 （決算） （10億円）	公債発行額 （決算） （10億円）	マネーストック （M 2 ） （兆円）	マネタリーベース （兆円）	国内総生産 （GDP） （10億円）
2000	89,321	33,004	–	657	537,614
2001	84,811	30,000	–	871	527,411
2002	83,674	34,968	6,826	966	523,466
2003	82,416	35,345	6,965	1,081	526,220
2004	84,897	35,490	7,061	1,103	529,638
2005	85,520	31,269	7,138	1,093	534,106
2006	81,445	27,470	7,299	884	537,258
2007	81,843	25,382	7,463	884	538,486
2008	84,697	33,168	7,662	945	516,175
2009	100,973	51,955	7,861	965	497,364
2010	95,312	42,303	8,093	1,127	504,874
2011	100,715	54,048	8,339	1,125	500,046
2012	97,087	50,049	8,634	1,347	499,421
2013	100,189	43,455	8,943	2,086	512,678
2014	98,813	38,493	9,214	2,821	523,423
2015	98,230	34,918	9,598	3,626	540,741
2016	97,542	38,035	9,891	4,363	544,830
2017	98,116	33,555	10,125	4,759	555,713
2018	98,975	34,395	10,443	5,074	556,571
2019	101,366	36,582	11,437	5,078	556,836
2020	147,597	108,554	11,833	6,134	537,562
2021	142,599	57,655	12,091	6,621	550,530
2022	(139,220)	(62,479)	–	–	–

（注 1 ）①②の2022年度のデータは第 2 次補正予算編成時点
（注 2 ）③④は年度末時点のデータ
（注 3 ）⑤2021年度は 2 次速報値（2022年12月）
（出所）①②財務省HP「予算・決算」、③④日本銀行時系列統計データ検索サイト、⑤内閣府「国民経済計算」

激のために税収を超えた政府支出が行われていることがわかる。

　これに加えて、日本銀行が徹底した金融緩和を続けることで、金利（利子率）が低下する環境を作り出してきた。経済全体の貨幣の総量である③マネーストック（M2）や、中央銀行がコントロールして管理する④マネタリーベースも、近年揃って拡大している。特に政府が国債（赤字国債）を発行する際に、市中の貨幣が吸収されないよう（貨幣流通量が減少すると金利が上昇することを思い出してほしい）、それに相当する額を日本銀行が買い入れてきたことで、貨幣供給量を維持・拡大してきた。

2　財政政策・金融政策は国民所得の拡大に貢献したか

　上述のように、日本政府・日本銀行は国民所得拡大のために、毎年のように財政政策・金融政策を通じて市場に資金を投入し、貨幣を供給してきた。これは実際にどれだけの効果があったのだろうか。残念ながら、アベノミクスの実行以降も、日本人の生活はなかなか改善していないのが国民の実感のようである。これは、2000年以降の⑤国内総生産（GDP）の水準を見ても確認できる。2000年時点で日本のGDPは537.6兆円であったが、公表されている最新年である2021年のGDPは550.5兆円とほぼ同水準（年率0.1％増）である。この20年間、日本の経済規模は変わっていない。確かに、東日本大震災が発生したり、新型コロナの蔓延があったりと、経済活動に大きなブレーキをかけるできごとの発生が、GDPを拡大できなかった理由かもしれない。

　しかし、こうしたできごとだけが国民所得の拡大にブレーキをかけたのかどうかということを、もっと正確に分析する必要がある。異次元緩和による超低金利が続いたことにより、日本経済にデフレマインドが定着し、競争を勝ち抜くために企業は値上げに踏みきれず、労働者を非正規労働に切り替えたり、給与水準を低下させたりすることで乗り越えようとしてきたことが、経済のパイが拡大しなかった理由なのかもしれない。逆に、財政政策や金融政策を機動的に実施してきたからこそ、景気の低迷がこの程度で済んだという見方もできるかもしれない。

　いずれにしても、財政政策・金融政策の効果が発揮できたのかどうか、次

138

節では*IS-LM*分析を用いて経済政策の効果を検証してみよう。

第3節　*IS-LM*分析と経済政策の効果

1　*IS-LM*分析

　それでは*IS*曲線と*LM*曲線を同一グラフ上で見ることで、**IS-LM分析**を行ってみよう。図8-4の*E*点は財市場と貨幣市場が同時に均衡する唯一の点である。現実の経済が*E*点にあれば、経済は*IS*曲線上にあると同時に*LM*曲線上にもあるので、財市場も貨幣市場も均衡している。このときの利子率を均衡利子率、国民所得を均衡国民所得と呼ぶ。

　経済が*E*点以外にある場合を考えてみよう。図中の*a*点は、*IS*曲線上にあるが、*LM*曲線からは外れている。この場合、財市場は均衡しているが、貨幣市場は不均衡な状態である。また、*b*点は*LM*曲線上にあるが、*IS*曲線からは外れている。この場合、貨幣市場は均衡しているが、財市場は不均衡になっている。*c*点は*IS*曲線上にも*LM*曲線上にもないので、両市場とも不均衡な状態である。

　経済が*E*点以外にある場合は、各市場で調整が働き不均衡は解消される。現実経済では一般的に貨幣市場の調整が財市場の調整よりも早く進む。財市場の調整には設備投資を通じた生産の拡大や雇用の削減を通じた生産の減少が必要なため、比較的調整に時間がかかるためである。したがって、経済が*c*点にあったとしても、まず利子率が下落して*LM*曲線上に向かって調整される。その後時間の経過とともに財市場で供給の削減が行われ、経済は*E*点に戻っ

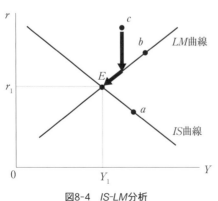

図8-4　*IS-LM*分析

てくるのである（図8-4
の矢印方向）。

2　財政政策の効果

　では、財政政策が利子
率と国民所得にどのよう
な影響を与えるのかを見
ていこう。財政政策は**政
府支出**の増加（ΔG）と
して示すことができる。
　政府の財政支出の増加

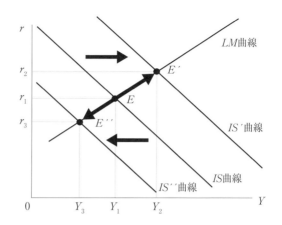

図8-5　IS曲線のシフトと均衡点の変化

ΔGはその経済の総需要
を増加させるため、財政政策の影響を直接受けるのは財市場の均衡を示すIS
曲線である。政府支出が増加（ΔG）することにより、IS曲線は右方にシフ
トしてIS'となる（図8-5）。
　一方、ΔGによりYが増大すると、貨幣の取引需要が増加する。このこ
とは貨幣需要曲線を右方にシフトさせ、利子率が上昇することになる（図
8-2を振り返ってほしい）。利子率が上昇するので、その結果、図8-5におい
て均衡点はE'となる。国民所得はY_1からY_2へ増大し、利子率はr_1からr_2
へ上昇している。つまり、財政政策により政府支出を増加させると、国民所
得の増大と利子率の上昇がもたらされることがわかる。逆に政府が政府支出
を削減すれば、IS曲線は左方にシフトすることになり、均衡点はEから
E''へ移り、国民所得はY_1からY_3へと減少し、利子率はr_1からr_3へと低下
する。

3　金融政策の効果

　次に金融政策の効果を考えよう。金融政策とは、中央銀行が**買いオペ・売
りオペ**や**法定準備率**を変化させることによって、貨幣供給量を変化させるこ
とである（ただし日本銀行は1991年10月から法定準備率を変化させておらず、金融政策

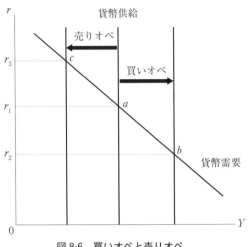

図8-6　買いオペと売りオペ

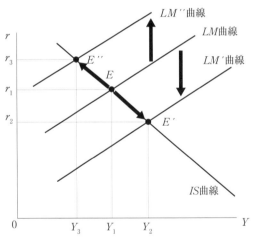

図8-7　LM曲線のシフトと均衡点の変化

の選択肢とはなってこなかった）。中央銀行が買いオペを実行して市中の国債を購入することで、貨幣供給量は増加する。貨幣供給量が増加すれば、利子率は下落する。図8-2を発展させた図8-6では、買いオペを行うと貨幣供給量の増加により貨幣供給曲線が右方にシフトし、利子率がr_1からr_2に低下するし、売りオペを行い貨幣供給量が減少すると貨幣供給曲線が左方にシフトし、利子率はr_1からr_3に上昇していることが確認できる。

　金融政策の効果をIS-LM分析で見てみよう（図8-7）。金融緩和政策によって貨幣供給量が増加すると利子率が低下するので、国民所得Y_1を変化させないようにするためには利子率が下落しなければならない。このため、貨幣供給量の増加はLM曲線を下方シフトさせる。

　では、金融緩和政策は財市場（すなわちIS曲線）にどのように影響するのであろうか。上述のように、貨幣供給量が増大すると利子率が低下する。ここ

で、投資と利子率の関係を思い出してみてほしい。投資は利子率が低くなる
ほど活発になると考えられるので、投資需要は利子率の減少関数である。こ
のため、貨幣供給量が増大して利子率が下落すると、財市場で投資が増加し、
国民所得を押し上げる。2013年以降のいわゆる「アベノミクス」による「異
次元緩和」とは、利子率の低下を通じて景気を刺激し、国民所得を拡大させ
るための策として実行されてきたわけである。

　図8-7では、金融緩和政策によってLM曲線が下方にシフトした結果、
均衡点はEからE'へ移動している。LM曲線の下方シフトで利子率がr_1か
らr_2に低下すると、IS曲線上で矢印に沿って右下向きの投資拡大が実現し、
国民所得は拡大する。一方で、バブル期など物価上昇が続いている局面で金
融引き締めを行い貨幣供給量が減少すれば、すでに見た経路とは逆方向のプ
ロセスを経て国民所得の減少と利子率の上昇につながる。図8-7ではLM
曲線が上方にシフトして均衡点がE''となると、利子率はr_1からr_3に上昇し、
国民所得がY_1からY_3へと減少していることが確認できる。

4　ポリシー・ミックス

　金融政策によって貨幣供給量が増加すると、LM曲線の下方シフトが起こ
り、利子率は下落する。財政政策と金融政策を同時に実行する**ポリシー・
ミックス（混合政策）**は
この効果を利用して、財
政政策による利子率上昇
を相殺しようというもの
である。

　図8-8でその効果を
確かめてみよう。今、財
政政策と金融政策を同時
に実行したとしよう。す
るとIS曲線は右方に、
LM曲線は下方へシフト

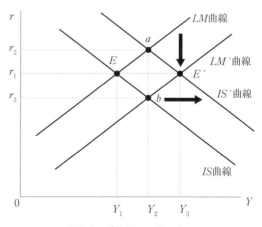

図8-8　ポリシー・ミックス

し、均衡点は E から E' へと移る。もし財政政策のみであれば均衡点は a 点で、利子率は r_1 から r_2 に上昇して貨幣需要を減退させるクラウディング・アウトが発生してしまう（後述第4節1）。しかし、金融政策を同時に実行して LM 曲線が下方にシフトすれば、利子率は財政政策による上昇分を吸収し、政策実行前と同じ r_1 のままに抑えることができるか、上昇したとしてもその上昇幅を低下させることができる。この結果、クラウディング・アウトは発生しないか、その規模を小さくすることが可能となる。

　また、ポリシー・ミックスはそれぞれの政策を単独で行う場合よりも、国民所得を押し上げる。図8-8は、もし財政政策や金融政策といった政策を単独で行えば、均衡点は a 点あるいは b 点で、国民所得は Y_2 であるが、ポリシー・ミックスを行えば Y_3 まで上昇することを教えてくれる。

第4節　経済政策の有効性と限界

　近年の日本はアベノミクスによる異次元緩和により、超低金利の時期が長く続き、政府は毎年のように過去最大規模の予算を策定して景気の刺激を行ってきたわけであるが、それにもかかわらず日本経済は回復の兆しがなかなか現れなかった。それはなぜであろうか。以下では、財政政策と金融政策の有効性、並びにその限界について考察してみたい。

1　クラウディング・アウト

　財政政策には**クラウディング・アウト**と呼ばれる効果が伴う。クラウディング・アウトとは、財政政策により政府支出が増加すると、これに伴い利子率が上昇して投資需要を減少させてしまうという、財政政策の効果の打ち消しにつながる現象のことである。

　図8-9のように、政府支出が増加すると、IS 曲線は右方へシフトする。このとき、利子率 r_1 の下では国民所得は Y_1 から Y_2 まで増加するはずである。しかし、財政政策により政府支出が増加すると、それに伴い貨幣の取引需要が増加するので、利子率が上昇する。その結果、財市場において投資が

減少することになるため、国民所得の増加が期待できなくなるのである。

　日本においても、近年の景気低迷に対処するため、毎年、政府が過去最高の予算案を策定し、年度の途中には経済対策と称する追加の補正予算を組んできた。これがアベノミクスの「第二の矢」であるが、財政政策を通

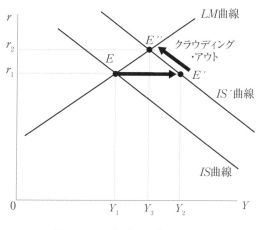

図8-9　クラウディング・アウト

じた政府支出の拡大はクラウディング・アウトをもたらしてしまう。政府支出の拡大が利子率の上昇をもたらさないようにするために、日本銀行は金融政策を実施して貨幣供給量を拡大し、利子率の上昇を食い止めてきた。政府は税収が増加しない中で政府支出を拡大するために毎年赤字国債を発行し、国債の累積額を拡大させてきたが、これを民間が引き受けると市中における貨幣供給量が減少し、さらに利子率の上昇を招きかねない。そのため、政府の赤字国債のほとんどを日本銀行が引き受け、利子率が上昇して市中の貨幣流通量の減少を防ぐという「いたちごっこ」が続いてしまうのである。

2　不況期における金融政策の限界

　近年の日本において、ポリシー・ミックスが実行されてもなかなか国民所得が増加しないのは、不況期にはIS曲線やLM曲線の傾きが変化することにより、ポリシー・ミックスが効果をもたなくなるためである。

　図8-10で示したように、不況期には、IS曲線はより垂直方向に向かって傾きが急になる。これは、不況により企業の投資意欲が減退してしまい、利子率が低下しても投資支出の拡大が行われないためである。これに対してLM曲線は水平に近い形となる。不況期は金融政策により利子率が低くなっ

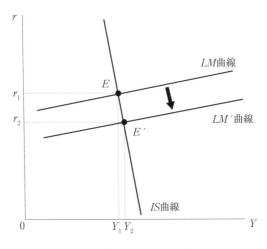

図8-10　不況期における*IS*曲線と*LM*曲線

ているため、債券の形での資産保有が減少している。そのため、利子率がわずかでも上昇すると債券の保有が拡大し、貨幣需要が減少することになるため、貨幣の超過供給状態となる。この貨幣の超過供給が解消して均衡に戻るには、国民所得が拡大して貨幣需要が増加する必要がある。その結果、*LM*曲線は傾きが緩やかになるのである。

　このような状況で金融緩和を継続し貨幣供給量を拡大していくと、*LM*曲線は右方（下方）にシフトしようとするが、*IS*曲線の傾きが急であるため、国民所得の拡大はわずかなものに留まってしまう（$Y_1 \rightarrow Y_2$）。また、近年の日本のように利子率がほぼゼロとなっている状態では、それ以上利子率が低下する余地が存在しないため、金融政策が効果をもたなくなってしまう状況が発生するのである（**流動性の罠**）。

　近年では、政府や中央銀行がそのときどきの経済状況に応じて財政政策や金融政策を実行するのではなく、中央銀行が一定割合で貨幣供給量を非裁量的に拡大させていくことが一国の経済を安定的に拡大させるという**マネタリズム**の考え方や、中央銀行が適切に管理可能な（2％程度の）**インフレ目標**を公約することが、流動性の罠が発生する状況でも長期的には国民所得の拡大に貢献するとするインフレ・ターゲット論などの考え方が、*IS-LM*分析よりも優勢となっている。従来の**ケインジアン**による政府支出の拡大を通じた有効需要の創出が国民所得を拡大するという考え方は、需要がさらに需要を生む**乗数理論**によりさらに説得力をもち、この中で*IS-LM*分析が用いられ

てきた。しかし近年では（政府の失敗の存在も含めて）政府支出の乗数効果があまり大きくないことがわかってきたことも、ケインジアン型の経済政策があまり重視されなくなった要因ともなっている。

　このように、低成長・不況期といった経済環境の中では、*IS-LM*分析を通じた経済政策の効果分析は必ずしも有効な手段ではないととらえられることが多くなった。しかし、*IS-LM*分析はあらゆる局面で有効性を失ったわけではない。政府が様々な経済政策の実行を検討する際に、それが効果をもち得るかどうかを判定するのに、*IS-LM*分析は引き続き有益な出発点を示してくれる。そのうえで、どのような状態の経済において、どのような経済政策を実行することが好ましいのか、現実に即した適切な分析手法の活用や組み合わせを探ることが重要となる。

コラム：円安は輸出拡大につながるか

　景気低迷が続いた日本では、2010年代に「アベノミクス」と呼ばれる一連の景気刺激策が実行されてきた。外国との取引が発生することを前提とした開放マクロ経済学では、金融緩和による利子率の低下は通貨安につながる。通貨安は輸出競争力の向上に貢献すると期待されたが、現実の経済はそれほど単純ではない。

　まず、輸出企業は通貨変動を見越して3～6カ月前には為替予約により利益を事前確定する。それゆえ通貨安でも輸出企業に即座に追加的利益は発生しない。また、輸出の拡大には生産設備を拡張し、労働者を追加採用する必要がある。将来の為替動向が不透明な状況では企業が追加投資の判断を下すことは難しい。加えて、日本企業は貿易摩擦への対応や、生産コスト削減のため、生産拠点を欧米やアジアに分散させてきた。円安で輸出を拡大したくても、すでに世界各地に工場が配置されており、日本の輸出増加につながる余地は少ない。さらにこの時期、欧米やアジアなどは内向き傾向にあり、輸入余力は大きくなかった。

　さらに、円安が進むと日本のGDPはドル表示で減少する。これが投資家に対してネガティブなメッセージを与えることも忘れてはならない。

○引用・参考文献

井堀利宏『図解雑学　マクロ経済学』ナツメ社、2002年。

大淵三洋・芹澤高斉編著『基本経済学』八千代出版、2018年。

熊倉正修『日本のマクロ経済政策』岩波新書、2019年。

木暮太一『落ちこぼれでもわかるマクロ経済学の本（改訂新版)』マトマ出版、2010年。

瀧澤弘和ほか『経済政策論』慶應義塾大学出版会、2016年。

中谷巌ほか『入門マクロ経済学（第6版)』日本評論社、2021年。

平口良司・稲葉大『マクロ経済学（新版)』有斐閣、2016年。

福田慎一・照山博司『マクロ経済学・入門（第5版)』有斐閣、2020年。

第 9 章

物価水準の決定と経済成長

第1節　物価を測る指標

　物価という用語は、経済全体において取引される財・サービス価格の平均を意味する。

　現実の経済では、多種多様な財・サービスが生産され、それぞれ価格が形成され、取引が行われている。また、一般に、それぞれの財・サービスの価格、およびその取引量は、時間を通じて変化する。このような経済において、物価水準やその動きである物価上昇率をどのように測定すればよいのであろうか。

　現実に経済で取引されているすべての財・サービスの価格を平均することは困難であろう。このため、物価水準を測定する際に、平均する財・サービスの範囲を限定する必要がある。また、財・サービスによって取引量が異なることから、それぞれの価格を単純平均するのではなく、それぞれの財・サービスの取引額等で重みをつけた加重平均をして、物価水準を測定する必要がある。

　そこで、この節では、代表的な物価指数である**消費者物価指数、企業物価指数、GDPデフレーター**について、それぞれどのような種類の財・サービスを対象にして、どのような方法で物価水準を測定するのかについて説明しよう。

1　消費者物価指数

　消費者物価指数は、消費者が購入する財・サービスを対象にして、それぞ

れの価格をその取引額で重みをつけて、加重平均することで、物価水準とその変動を測定する経済指標である。この消費者物価指数は、英語名称の「Consumer Price Index」を略してCPIとも呼ばれ、各国の中央銀行が行う金融政策において、重視される指標の一つである。

消費者物価指数を測定する際には、消費者が購入する代表的な財・サービスを選定し、いわゆるバスケットを作り、基準時点が設けられる。そして、消費者物価指数は、基準時点に取引されていた各財・サービスの数量を、基準時点で購入した場合の総額を100として、比較したい時点で購入した場合の総額がどれだけになるかを算出したものである。

消費者物価指数のように、財・サービスの数量を基準時点で取引されていた物に固定して測定する物価指数は、**ラスパイレス型の物価指数**と呼ばれる。

$$\text{ラスパイレス型指数}: \frac{\text{基準時点で取引された数量を比較時点の価格で購入するために要する総額}}{\text{基準時点で取引された数量を基準時点の価格で購入するために要する総額}} \times 100$$

なお、この物価指数の値から、比較時点の物価が基準時点からどう変化しているかを知ることができる。

① 比較時点の消費者物価指数が100を超える場合は、基準時点と比較して物価水準が上昇している。

② 比較時点の消費者物価指数が100の場合は、基準時点と比較して物価水準は変化していない。

③ 比較時点の消費者物価指数が100を下回る場合は、基準時点と比較して物価水準が下落している。

また、測定された物価指数を連続する2期間で比較して、①プラスの変化を示している場合は物価上昇、②変化なしの場合は物価不変、③マイナスの変化を示している場合は物価下落と考えることができる。

2 企業物価指数

企業物価指数は、企業間で取引される財を対象にして、いわゆるバスケッ

トを作成し、それぞれの財の価格をその取引額で重みをつけて加重平均することによって算出される物価指標である。また、企業物価指数は、消費者物価指数と同様に、ラスパイレス型の物価指数である。

　企業物価指数として、国内企業物価指数と輸出・輸入物価指数が測定され、公表されている。

1）国内企業物価指数

　国内企業物価指数は、国内で生産され、国内の企業が購入した財を対象にして算出される。

2）輸出・輸入物価指数

　輸出物価指数は、輸出品の通関段階における船積み時点の価格と数量をもとにして測定される。一方、輸入物価指数は輸入品の通関段階における荷降ろし時点の価格と数量をもとにして測定される。

3　GDPデフレーター

　GDPデフレーターは、国内で生産されて取引される最終生産物を対象にして、それぞれの価格をその取引額で重みをつけて平均することで、物価水準とその変動を測定する物価指標である。

　GDPデフレーターを測定する際には、最終生産物を測定対象の財・サービスとして選定し、いわゆるバスケットを作り、基準時点が設けられる。そして、GDPデフレーターは、比較時点に取引されていた各財・サービスの数量を基準時点で購入した場合の総額を100として、比較時点で購入した場合の総額がどれだけになるかを算出したものである。

　このように財・サービスの数量を、比較時点で取引されていたものに固定して測定するGDPデフレーターは、**パーシェ型の物価指数**である。

$$パーシェ型指数：\frac{比較時点で取引された数量を比較時点の価格で購入するために要する総額}{比較時点で取引された数量を基準時点の価格で購入するために要する総額} \times 100$$

　ある年の名目GDPは、当該年に生産された最終生産物の数量を当該年の市場価格で評価して集計したものである。一方、ある年の実質GDPは、当

該年に生産された最終生産物を基準年の市場価格で評価して集計したものである。

　以上のことから、GDPデフレーターは、名目GDPを実質GDPで除すことによって求められると考えることもできる。

$$\text{GDPデフレーター} = \frac{\text{名目GDP}}{\text{実質GDP}} \times 100$$

　比較時点のGDPデフレーターを測定すると、その時点の物価水準が基準時点と比較してどのように変化しているかがわかる。すなわち、①100を上回れば物価上昇、②100であれば物価一定、③100を下回れば物価下落と考えられる。さらに、連続する2時点のGDPデフレーターを比較して、①上昇しているときには物価上昇、②同じになるときには物価一定、③下落しているときには物価下落と考えることができる。

第2節　総需要-総供給分析

　第1節では、物価とその動きを測定するための経済指標として、消費者物価指数、企業物価指数、GDPデフレーターについて説明した。一方、物価水準はどのように決定されるのであろうか。そこでこの節では、物価水準の決定について分析するモデルである**総需要-総供給分析**について解説する。

　総需要-総供給分析では、単純化のため、分析の対象となる国で生産される財は1種類であると仮定される。また、一国における最終生産物に対する需要量は総需要、供給量（生産量）は総供給と呼ばれ、それらの相互作用を通じて、物価水準が決定されると考える。

　そこで以下では、総需要曲線と総供給曲線を導出し、物価水準の決定について考察する。

1　総需要曲線

　総需要曲線とは、一国における物価水準と総需要との対応関係を表す曲線

のことをいう。この総需要曲線は、縦軸に物価水準、横軸に総需要を測り図示すると、一般に、右下がりの形状となる。すなわち、物価水準が上昇すると総需要は減少し、物価水準が下落すると総需要が増加するという関係である（図9-1）。

以下、この総需要曲線がどのようにして導出されるかについて説明しよう。総需要曲線の導出に際して、第8章「財市場と貨幣市場の均衡と経済政策」において解説された *IS-LM*分析がその基礎となる。*IS-LM*分析では物価を一定と仮定したが、総需要−総供給分析では、物価がモデル内で決定される内生変数として扱われる。

まず、*IS-LM*分析における**実質貨幣供給**の変化と、均衡国民所得の変化の関係について確認しよう。*IS-LM*分析では、一般に、名目貨幣供給量が増加すると、物価水準を一定として実質貨幣供給量が増加し、*LM*曲線が右方シフトすることで、利子率の低下と国民所得の増加が生じる。一方、名目貨幣供給量が減少すると、物価水準を一定として実質貨幣供給量が減少し、*LM*曲線が左方シフトすることで、利子率の上昇と国民所得の減少が生じる。

次に、*IS-LM*分析において物価水準の変化を導入すると、物価水準の変化は、貨幣供給量を物価水準で割ることによって求められる実質貨幣供給量に影響を及ぼす。すなわち、名目貨幣供給量を一定として、物価水準が下落すると実質貨幣供給量は増加し、物価水準が上昇すると実質貨幣供給量は減少する。

$$実質貨幣供給量 = \frac{名目貨幣供給量}{物価水準}$$

物価水準が下落し、実質貨幣供給量が増加するとき、*LM*曲線が右方シフトし、国民所得が増加する（図9-2）。他方、物価が上昇し、実質貨幣供給量が減少するとき、*LM*曲線が左方シフトし、国民所得が減少する。ここで決定される国民所得を、総需要-総供給分析における総需要と読み替えると、物価水準が下落するとき総需要が増加し、物価が上昇するとき総需要が減少することになる。この物価と総需要の関係が総需要曲線である。また、総需

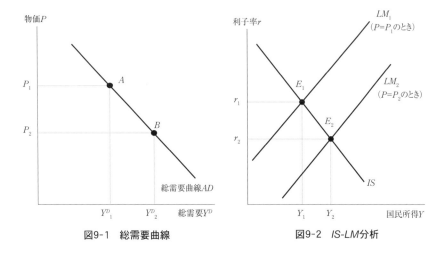

図9-1　総需要曲線

図9-2　*IS-LM分析*

要曲線は、縦軸に物価水準、横軸に総需要を測った図において、右下がりの形状となる（図9-1）。

2　総需要曲線のシフト

　物価水準を一定として、総需要が増加するとき、総需要曲線は右方シフトする。他方、総需要が減少するとき、総需要曲線は左方シフトする。

　たとえば、政府が景気対策として政府支出を増加させるとする。これによって、財政政策実行前の総需要曲線AD上のA点（物価水準はP_1、総需要はY^D_1）は、物価を一定として、AD′上のA′点（物価水準はP_1、総需要は$Y^{D'}_1$）へと移動する。この政府支出の増加による物価水準を一定とした総需要の増加は、AD曲線上のどの点でも生じるので、AD曲線は右方へシフトすることになる（図9-3）。

　総需要曲線は、物価水準を一定として、総需要が変化するとシフトする。総需要曲線を右方にシフトさせる政府支出の増加以外の要因として、消費支出の増加、投資支出の増加、および外需の増加をあげることができる。また、AD曲線を左方シフトさせる要因として、政府支出の減少、消費支出の減少、投資支出の減少をあげることができる（図9-4）。

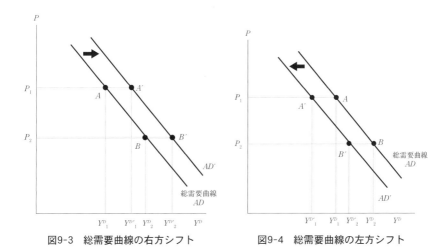

図9-3　総需要曲線の右方シフト　　　　　　図9-4　総需要曲線の左方シフト

3　総供給曲線

総供給曲線とは、一国における物価水準と総供給との対応関係を示す曲線のことをいう。この総供給曲線は、縦軸に物価水準、横軸に総供給を測り図示すると、一般に、右上がりの形状となる。すなわち、物価水準が上昇すると総供給は増加し、物価水準が下落すると総供給が減少するという関係である（図9-5）。以下、この総供給曲線がどのようにして導出されるかについて説明しよう。

　総供給曲線は、企業の利潤最大化行動に基づいて導出される。そこでまず、生産関数について説明する。生産関数とは、企業が生産において生産

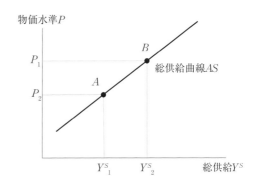

図9-5　総供給曲線

要素をどれだけ投入すると生産物がどれだけ産出できるかという、投入される生産要素と産出される生産物との対応関係のことである。また、本章は一国経済の集計量を扱っているので、それをマクロ生産関数と呼ぶ。

ここで投入される生産要素は労働Nのみで、生産される財もYのみであるとする。最終生産物の生産量である総供給をY^S、労働投入量をNとすると、その対応関係であるマクロ生産関数は次式のように示すことができる。

$$Y^S = F(N)$$

また、縦軸に総供給Y^S、横軸に労働投入量Nを取り、図示すると、マクロ生産関数は図9-6のように示すことができ、上に凸の形状をしていると仮定する。

次に、総供給曲線の導出における企業の利潤最大化行動について説明する。企業の利潤は、総収入から総費用を差し引くことにより求められる。

利潤＝総収入－総費用

また、完全競争市場を仮定すると、企業は最終生産物の価格である物価、労働の価格である名目賃金に対して、プライス・テイカーとして行動する。このとき、利潤を示す式は、次式のように書くことができる。

利潤＝物価×生産量－名目賃金×労働投入量

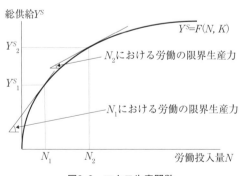

図9-6 マクロ生産関数

この式は、物価と総供給量をかけ合わせることで求められる総収入（右辺第1項）から、名目賃金と労働投入量をかけ合わせた労働にかかる費用である総費用（右辺第2項）を差し引くことで、利潤を求めることができることを示している。

　また、労働投入量を決定すると、生産関数に従って生産量が決定されることから、労働投入量の変化による利潤の変化を頼りにして、企業の利潤最大化生産量について考えることができる。

　企業が、いったん、任意の水準に労働投入量を決定したとして、利潤が最大化されているか否かについて考える。企業が決めた水準の労働投入量において、労働投入量を追加的に 1 単位増加させるとき、生産量が増加する。そして、この生産量の増加に物価をかけた分だけ、総収入が増加する。この総収入の増加を、労働の**限界生産物価値**と呼ぶ。また、労働投入量を 1 単位増加させることによる生産量の増加を労働の限界生産力と呼ぶ。一方、労働を 1 単位増加させると、名目賃金に等しい総費用の増加が生じる。したがって、労働投入量を追加的に 1 単位増加させるとき、利潤がどのように変化するかは、労働の限界生産物価値に等しい総収入の増加と総費用の増加の大小関係により、次の 3 つのケースが考えられる。

　①　労働の限界生産物価値が名目賃金よりも大きいとき、企業は生産量を増加させることで利潤を増加させることができる。

　②　労働の限界生産物価値が名目賃金と等しいとき、企業は生産量を変化させることで利潤を増加させることができない。すなわち、利潤が最大化されている（労働の限界生産物価値が名目賃金と等しいとき、利潤が最小化されている場合もあることには注意すること）。

　③　労働の限界生産物価値が名目賃金よりも小さいとき、企業は生産量を減少させることで利潤を増加させることができる。

　以上の 3 つのケースを比較すると、企業が利潤を最大化する労働投入量では、労働の限界生産物価値と名目賃金が等しくなっていることがわかる（ケース②）。また、労働の限界生産物価値は、物価水準と労働の限界生産力をかけた値であるから、利潤最大化条件を次式のように示すことができる。

$$\underbrace{物価水準 \times 労働の限界生産力}_{労働の限界生産物価値} = 名目賃金$$

　さらに、この式の両辺を物価水準で割ることにより、利潤最大化条件を次式のように示すことができる。

$$労働の限界生産力 = 実質賃金 \left(= \frac{名目賃金}{物価} \right)$$

　ここで、経済において、何らかの要因により名目賃金が下方硬直的となっていることを仮定して、物価水準と利潤最大化生産量、すなわち総供給との関係を考え、総供給曲線を導出しよう。名目賃金が一定の経済において、物価水準が上昇すると実質賃金が低下するので、企業は労働投入量を増やして総供給を増加させる。一方、物価水準が下落すると、名目賃金を一定として、実質賃金が上昇するので、企業は、労働投入量を減らし、総供給を減少させる。以上のことから、縦軸に物価水準、横軸に総供給を測り図示すると、総供給曲線は、一般に、右上がりの形状となる（図9-5）。

4　総供給曲線のシフト

　物価水準を一定として、総供給が増加するとき、総供給曲線は右方シフトする一方、総供給が減少するとき、総供給曲線は左方シフトする。

　たとえば、物価水準一定の下で、**技術進歩**などによって生産性が向上すると、労働の限界生産力が高まるので、労働の限界生産力が実質賃金を上回り、前出の利潤最大化条件式が満たされなくなる。当該式が満たされ、利潤が最大化されるためには、労働投入量を増加させ、生産量を増加させる必要がある。以上のことから、技術進歩などによって生産性が向上するとき、物価水準を一定として、総供給は増加する。このとき、総供給曲線は右方へシフトする。また、総供給曲線の右方シフトは、円高や海外市場での1次産品価格の下落によっても生じる（図9-7）。

　他方、生産性の低下、円安や海外市場での1次産品価格の上昇が生じると、

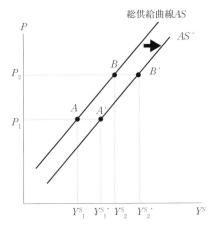

図9-7　総供給曲線の右方シフト

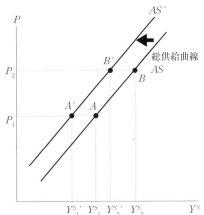

図9-8　総供給曲線の左方シフト

総供給曲線は左方シフトする（図9-8）。

5　物価水準の決定

　これまで導出した総需要曲線と総供給曲線によって、経済における物価水準と国民所得水準の決定について見ていこう。

　図9-9には、縦軸に物価水準P、横軸に総供給Y^S、総需要Y^D、国民所得Yを測り、これまで導出した総需要曲線と総供給曲線の両方が描き入れられている。

　この図において、均衡点Eの下で、均衡物価水準P^*と均衡国民所得水準Y^*が決定される。

　現実の経済において、物価水準は上昇したり下落したりする。物価水準が、継続的に上昇する現象は**インフレーション**と呼ばれ、逆に、継続的に下落する現

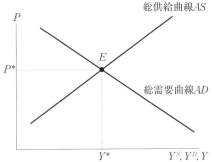

図9-9　総需要-総供給分析

象は**デフレーション**と呼ばれる。

　以下では、インフレーションとデフレーションが、どのように発生するかについて説明しよう。

6　インフレーションとデフレーション

1）インフレーション

　物価水準を一定として、消費支出、投資支出、政府支出などが増加すると、総需要曲線が右方にシフトし、均衡点が右上方に移動し、均衡物価水準の上昇と均衡国民所得の増加が生じる（図9-10）。また、生産性の低下や生産要素価格の上昇が生じると、総供給曲線が左方にシフトし、均衡点が左上方に移動し、均衡物価水準の上昇と均衡国民所得の減少が生じる（図9-11）。

　以上のことから、総需要曲線を右方シフトさせる要因、または総供給曲線を左方シフトさせる要因によって、インフレーションが生じる可能性があることがわかる。しかしながら、総需要曲線の右方シフト要因により生じるインフレーションは均衡国民所得水準の増加を伴うが、総供給曲線の左方シフト要因により生じるインフレーションは均衡国民所得水準の減少を伴うことには注意が必要である。

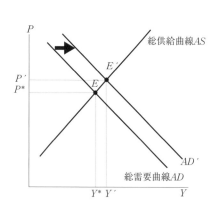
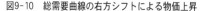

図9-10　総需要曲線の右方シフトによる物価上昇

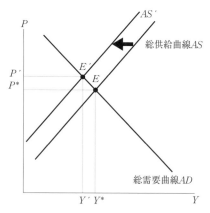

図9-11　総供給曲線の左方シフトによる物価上昇

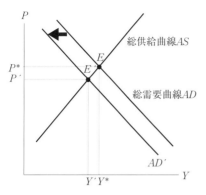

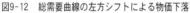

図9-12　総需要曲線の左方シフトによる物価下落

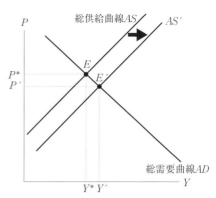

図9-13　総供給曲線の右方シフトによる物価下落

2）デフレーション

　物価水準を一定として、消費支出、投資支出、政府支出などが減少すると、総需要曲線が左方にシフトし、均衡点も左下方に移動し、均衡物価水準の下落と均衡国民所得の減少が生じる（図9-12）。また、生産性の上昇や生産要素価格の低下が生じると、総供給曲線が右方にシフトし、均衡点も右下方に移動し、均衡物価水準の下落と均衡国民所得の増加が生じる（図9-13）。

　以上のことから、総需要曲線を左方シフトさせる要因、または総供給曲線を右方シフトさせる要因によって、デフレーションが生じる可能性があることがわかる。総需要曲線の左方シフト要因によるデフレーションは、均衡国民所得水準の減少を伴うが、総供給曲線の右方シフト要因によるデフレーションは、均衡国民所得水準の増加を伴う。

第3節　経済成長理論

　第2節では、総需要-総供給分析という短期の分析ツールを用いて、物価水準とGDPの決定、またそれらの変動について解説した。一方、経済成長理論では、実質GDPの長期的な動きについての分析が行われる。その場合、

GDPの長期的な変動の要因は、生産能力に規定され、供給側からの分析が行われる。

　このような考えに基づく経済成長理論として、新古典派経済成長モデルがある。このモデルでは、労働が完全雇用され、資本が完全利用された場合の産出量である潜在GDPの長期的な動向が扱われる。

1　マクロ生産関数と経済成長

　一国の最終生産物の生産量（潜在GDP）は、長期において、資本ストックの投入量K、労働投入量N、および技術水準Aに依存して決定されると考えられる。また、Yは資本ストックを完全利用し、労働を完全雇用した際のGDPであることから潜在GDPと呼ばれる。

　そこで、単純化のために固定資本減耗がないものと仮定して、一国全体における、技術水準、生産要素の投入と**潜在GDP**との技術的関係を表すマクロ生産関数を、次式のように示す。

$$Y = F\,(A,\,K,\,N)$$

　このマクロ生産関数において、技術水準Aの上昇は**全要素生産性**の向上を意味し、同じ資本投入量と労働投入量の下での生産量が増加することを意味する。すなわち、技術水準の向上は、他の要因を一定として、潜在GDPを増加させる。

　また、技術水準と資本ストックの量を一定として、労働人口が増加し、労働投入量が増加する場合、潜在GDPは増加する。一方、労働人口が減少し、労働投入量が減少すると、潜在GDPは減少する。

　さらに、技術水準と労働投入量を一定として、資本ストックの投入量が増加すると、潜在GDPは増加する。一方、資本ストックの投入量が減少すると、潜在GDPは減少する。

　次に、分析の単純化のため、技術進歩がない経済を想定する。また、マクロ生産関数が、次のように労働者一人あたりの単位で扱うことができると仮定する（このような仮定は、生産関数が1次同次であると仮定することによって可能と

なる。詳しくは、章末の参考文献を参照）。

　すると、長期の経済において、一人あたりの潜在GDP（労働生産性）の動き
が、一人あたりの資本ストック（資本装備率）に規定されることになる。すな
わち、一人あたりの資本ストックが増加すると、一人あたりの潜在GDPが
増加して、それに労働人口をかけた値である潜在GDPが増加する。

　そこで、以下では、単純化のため、技術水準が進歩しない経済を想定して、
一人あたり潜在GDPの動きを中心に、長期の経済成長について見ていこう。

2　新古典派経済成長理論（ソロー・モデル）

1）一人あたりの産出量に関する生産関数

　この項では、潜在GDPの長期における成長経路を分析する新古典派経済
成長理論（ソロー・モデル）について説明する。このモデルでは、利潤最大化
行動によって、所与の利子率と名目賃金の下で、資本ストックの増加に等し
い投資と労働投入量が決定される。そして、それらが決定されると、潜在
GDPに等しく国民所得水準が決まり、それに限界貯蓄性向をかけた値に等
しい貯蓄が行われる。

　その過程では、労働市場では均衡が成立するように名目賃金が変動し、財
市場では貯蓄と投資が等しくなり均衡が成立するように利子率が変動する。
このような市場の調整メカニズムによって、経済において完全雇用と資本の
完全利用を伴う潜在GDPの動きが経済成長経路となる。

　ここで、一人あたりの生産量である潜在GDPをy（$= \dfrac{Y}{N}$）と表すと、こ
れと一人あたりの資本ストック投入量である資本装備率k（$= \dfrac{K}{N}$）との間
の対応関係を、次式の生産関数で示すことができる。

$$\text{一人あたりの生産関数}：y = f(k)$$

　この一人あたりの生産関数は、**資本装備率**が上昇すると一人あたりの潜在
GDPが増加し、資本装備率が低下すると一人あたりの潜在GDPが減少する
ことを示している。また、資本装備率の変化は、資本ストックの増加をもた
らす投資と労働人口の変化によって生じる。

2）一人あたりの潜在GDPの動きと経済成長

　経済成長は時間の流れのもとで生じるものであるから、まず、時刻を固定して、そこで何が生じるかについて見る必要がある。その時刻における資本装備率をkとしよう。このとき、一人あたりの潜在GDPの値は$y = f(k)$となり、その期の資本装備率は一人あたりの貯蓄（$sf(k)$）に等しく増加する。他方、その期に人口成長が生じると、増加した人口に資本を配分するため、人口成長率n（×100%）をかけたnkだけ資本装備率は低下する。以上のことから、当該期の資本装備率の変化Δkは、次式のように示すことができる。

$$\Delta k = sf(k) - nk$$

　この式は、新古典派経済成長モデルの基本方程式であり、右辺が、①プラスの場合は当該期の資本装備率は増加し、②ゼロの場合は当該期の資本装備率は変化せず、③マイナスの場合は、当該期の資本装備率が減少していると見ることができる。

3）定常状態（長期均衡）

　ここで、長期均衡を一人あたりの変数が一定の値になった状態と定義しよう。このような状態は、**定常状態**と呼ばれ、本項で想定した新古典派経済成長モデルの長期均衡と考えることができる。

　この長期均衡における経済の動きについて図9-14を用いて説明しよう。直線nkは、各水準の資本装備率において、資本装備率がnkだけ減少することを示している。一方、各資本装備率において、一人あたりの貯蓄を示す$sf(k)$に等しく資本装

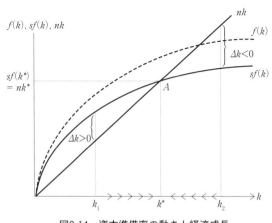

図9-14　資本準備率の動きと経済成長

備率が増加する。したがって、$sf(k)$ に等しい資本装備率の増加と、増加した労働人口に配分されるために減少する資本装備率nkとの垂直距離が、このモデルにおける資本装備率の変化Δkを表す。

　そこで、長期均衡$\Delta k = 0$における資本装備率をk^*と表すと、この値において資本装備率が一定となり、長期均衡状態に至る。また、定常状態において、資本装備率は一定となるため、一人あたりのGDPの値もy^* [$= f(k^*)$]で一定となる。このとき、マクロの潜在GDPであるYは、労働人口成長率nで増加していく。すなわちマクロの経済成長率は労働人口成長率nに等しくなる。さらに、資本ストックKもnの率で増加していく。

コラム：物価が上昇することは良いことか悪いことか

　わが国の経済において、1990年代のはじめに、いわゆる「バブル崩壊」が生じ、株や土地などの資産価格が低下するとともに、景気が悪化し、デフレーションが常態化することとなった。その後、金融政策において物価をコントロールする責任がある日本銀行は、物価を上昇させようとして、ゼロ金利政策、量的金融緩和政策、量的・質的金融緩和政策などを行ってきた。しかしながら、これらの異次元金融緩和政策をもってしても、物価を上昇させることはできなかった。

　2022年の半ばを過ぎると、ロシアのウクライナへの侵攻をきっかけに始まる原油価格の高騰や円安の影響によって、企業物価指数が上昇し、消費者物価指数も上昇する兆しを見せている。さて、このような物価上昇は望ましいといえるのであろうか。この点について、図9-10、および図9-11を用いた説明を思い出してほしい。図9-10で説明されているインフレーションは、総需要の増加による総需要曲線の右方シフトによって生じるもので、国民所得の増加を伴っている。一方、図9-11で説明されているインフレーションは、生産要素価格や原材料価格の上昇によって生じる総供給曲線の左方シフトによって生じるもので、国民所得の減少を伴っている。

　今回の原油価格の高騰や円安によって輸入原材料価格が上昇することによって生じるインフレーションは、望ましくないといえそうである。

164

○引用・参考文献

大淵三洋・芹澤高斉編著『基本経済学』八千代出版、2018年。

芹澤高斉『基本マクロ経済理論』八千代出版、2018年。

福岡正夫『ゼミナール経済学入門』日本経済新聞社、1986年。

二神孝一・堀敬一『マクロ経済学』有斐閣、2009年。

Jones, C. I., *Introduction to Economic Growth*, W.W. Norton & Company, Inc., 1998. (香西泰監訳『経済成長理論入門』日本経済新聞社、1999年。)

Jones, C. I., *Macroeconomics*, 2 nd edition, W.W. Norton & Company, Inc., 2008.（宮川努ほか訳『ジョーンズマクロ経済学 I』東洋経済新報社、2011年。)

Krugman P., Wells, R., *Economics*, Worth Publishers, 2006.（大山道広ほか訳『クルーグマンマクロ経済学』東洋経済新報社、2013年。)

第 10 章

国際経済学

　国内の家計、企業、政府などの経済主体は、外国と財・サービス、資産・負債の取引を行っている。本章の「国際経済学」では、これらの国際間の取引に対して、経済学の分野からの接近と分析について概説する。

　まず、国際間の取引の記録である国際収支表について概観し、そのうちの財・サービスの収支である経常収支の決定を含むマクロ・モデルについて解説する。

第1節　国際収支統計

　わが国の居住者である家計、企業、政府が行う外国との財・サービスや資産・負債取引は、**国際収支統計**（IMF国際収支マニュアル）の枠組みに基づいて記録される。日本では、日本銀行が、財務大臣から委任を受けて「国際収支状況」を公表している。

　国際収支統計に計上される取引は、当該国を経済活動の本拠地として一定期間以上居住している**居住者**と、それ以外の国の**非居住者**との間で行われる。

　この居住者と非居住者との間で行われた取引は、大まかにいうと、財・サービスおよび所得の取引や経常移転を記録する経常収支、対外金融資産・負債の増減に係る取引を記録する金融収支、生産資産・金融資産以外の資産の取引や資本移転を記録する資本移転等収支から構成される。

　現在、これらの収支は、円建てで集計されている。以下、これらの収支とその内訳について説明する。

1　経 常 収 支

経常収支には、財貨・サービスの取引、所得の受払い、経常移転が計上される。これらのうち、財貨・サービスの取引は、財貨の取引に関する収支を計上する**貿易収支**と、サービス取引に関する収支を計上する**サービス収支**を構成する。貿易収支には、財貨の外国への売却である輸出と、財貨の外国からの購入である輸入の差額が計上される。サービス収支には、輸送・旅行等のサービスに関する収支が計上される。

　次に、所得の受払いに含まれる**第一次所得収支**は、当該国と外国との生産要素である労働と資本に関するサービスの取引の対価として、それぞれ雇用者報酬と投資収益が計上される。雇用者報酬に関しては、当該国の居住者が外国において労働サービスを供給することへの対価としての受取と、外国の居住者が当該国において労働サービスを供給することへの対価としての支払いとの差額が計上される。また、投資収益に関しては、当該国が外国に行った直接投資および証券投資の収益としての利子・配当等の受取と、外国が当該国に行った投資収益および証券投資の収益としての利子・配当等の支払いの差額が計上される。

　さらに所得の受払いのうち第一次所得収支を除いた額と経常移転の額を含む**第二次所得収支**には、実物および金融資産などの無償取引（援助・国際機関への拠出など）、労働者送金、生命保険以外の保険金の受払いなどが計上される。

経常収支＝貿易・サービス収支＋第一次所得収支＋第二次所得収支

2　金 融 収 支

　金融収支は、当該国の居住者と外国の居住者間で行われる、**直接投資**、**証券投資**、**金融派生商品**、その他投資、および、外貨準備などに関する、資産および負債の取引が計上される。それぞれ資産（非居住者に対する債権）変化から負債（非居住者に対する債務）変化を差し引くことで、収支を求めること

ができる。ただし、**外貨準備**に関しては、資産変化のみが計上される。

　たとえば、当該国の居住者が外国の国債などの資産を取得すると金融収支にプラス計上され、処分するとマイナス計上される。また、当該国の居住者が外国の銀行から借入れを行うなどして負債を負うとマイナス計上される。また、債務の返済はプラス計上される。

3　その他の収支

1）資本移転等収支

　資本移転等収支は、対価の受領を伴わない固定資産の提供、債務免除のほか、非生産・非金融資産の取得処分等が計上される。

2）誤差脱漏

　国際収支表は、原理的には収支がゼロとなるはずである。しかし、実際には、集計の際に誤差等が生じ、国際収支はゼロとならない。このため、**誤差脱漏**を、国際収支がゼロとなるためのバランス項目として計上する。

4　国際収支の構造

$$国際収支 = 経常収支 + 資本移転等収支 - 金融収支 + 誤差脱漏 = 0$$

　通常の経済取引は、財・サービスの提供と対価の支払いがセットとなっている。このことは、国際間での取引においても、基本的に同様である。そこで、国際収支統計（表10-1）では、この双方向の流れの両方を計上する「複式計上の原則」が採用されている。すなわち、この原則は、居住者と非居住者との間で行われる国際間の取引は、基本的に双方向であり、その両方の金額を計上するという考え方に基づく。

　たとえば、日本の企業がアメリカの居住者に財を100売却し、その代金支払いをこの企業が保有するアメリカの銀行口座に受けたとする。この場合、国際収支統計における経常勘定の輸出の項目に100がプラス計上され、金融収支における資産増加に100が計上される。また、国際収支上、輸出の100は受取として計上され、金融収支における資産増加の100は支払いとして計上

表10-1　日本の国際収支（IMF国際収支マニュアル第6版準拠）の推移

(億円)

	2019年(令和元年)	2020年(令和2年)	2021年(令和3年)
貿易・サービス収支	−9,318	−8,773	−25,615
貿易収支	1,503	27,779	16,701
輸出	757,753	672,629	822,837
輸入	756,250	644,851	806,136
サービス収支	−10,821	−36,552	−42,316
第一次所得収支	215,531	191,209	204,781
第二次所得収支	−13,700	−25,697	−24,289
経常収支	192,513	156,739	154,877
資本移転等収支	−4,131	−2,072	−4,197
金融収支	248,624	138,073	107,527
誤差脱漏	60,242	−16,594	−43,153

（注1）四捨五入のため、合計に合わないことがある
（注2）金融収支のプラス（＋）は純資産の増加、マイナス（−）は純資産の減少を示す
（出所）財務省「国際収支総括表【暦年・半期】」
　　　　https://www.mof.go.jp/policy/international_policy/reference/balance_of_payments/bpnet.htm

される。ここで、対外資産増加の100が金融収支へプラス計上される場合その額は国際収支上支払いとして計上されることに注意しよう。

　以上のように「複式計上の原則」に従って記載される国際収支統計では、すべての収支を合計するとゼロになるという構造を有する。

　また、例外として、外国に対する50の食糧の無償援助等は、対価を伴わない一方向の取引である。このため、「複式計上の原則」上、援助を行った国の国際収支統計において、輸出に50がプラス計上されるとともに、第二次所得収支に50がマイナス計上される。

第2節　為替レートとその決定

1　為替レートとは

　為替レートとは、外国為替市場における2国の通貨間の交換比率のことである。たとえば、円の対ドル為替レートが、1ドル100円である場合は、1ドルと100円が交換されることを示す。

　1ドル100円が110円に変化した場合は、ドルの価値が上昇していることを示す。一方、円の価値は下落している。このような変化を、円安ドル高と呼ぶ。また、円の減価、ドルの増価という場合もある。

　他方、1ドル100円が90円に変化した場合は、円の価値は上昇していることを示す。このような変化を、円高ドル安と呼ぶ。また、ドルの減価、円の増価と呼ぶ場合もある。

2　為替レートの決定

1）均衡為替レート

　外国為替市場において、為替レートを決定するのは、外国通貨に対する需要と供給である。たとえば、円の対ドル為替レートは、外国為替市場におけるドルの需要とドルの供給が一致し、均衡が成立するように決定される。

　外国為替市場では、ドルと円の取引において、円を手放してドルを購入するドル需要とドルを手放して円を購入するドル供給がある。すなわち、ドルが需要されるとき、円が同時に供給され、ドルが供給されるとき、同時に円が需要される。このため、外国為替市場において、ドルに対する需要と供給が一致するように為替レートが決定されるとき、同時に円の供給と需要が一致している。

　たとえば、外国為替市場において、円ドル為替レート1ドル100円であるとき、1億円を手放して100万ドルを購入するドル需要（円供給）と、100万ドルを手放して1億円を購入するドル供給（円需要）があるとする。このと

き、ドルの需要と供給が100万ドルで一致しているので、均衡が成立し、1ドル100円が均衡為替レートとなる。

2）ドルの需要曲線と供給曲線と均衡為替レート

ドル需要（円供給）とドル供給（円需要）が生じるのは、外国との間で財・サービスの輸出入、資産取引が行われるからであると考えられる。通常、為替レートが円高ドル安になると外国の財・サービス、資産は相対的に割安になるので、ドル需要を伴うそれらの取引は増加する。すなわち、円高ドル安になると、ドル需要は増加する。この関係を図示したものが、右下がりの形状をしたドルの需要曲線である。

一方、ドル供給をもたらす対外取引には、財・サービスの日本からの輸出と外国からの資本流入（外国の居住者による日本資産の取得）がある。通常、為替レートが円安ドル高になると、日本の財・サービス、資産は割安になるので、ドル供給を伴うそれらの取引は増加する。すなわち、円安ドル高になると、ドル供給は増加する。この関係を図示したものが、右上がりの形状をしたドルの供給曲線である。

図10-1において、ドルの需要曲線と供給曲線の交点Eが均衡点で、均衡為替レートはe^*に決定される。

3）為替レートの変化とその要因

今、均衡為替レートが1ドル100円であるとしよう。このレートにおいて、ドル供給（円需要）を一定として、ドル需要（円供給）のみが減少すると、円ドル為替レートは円高ドル安の方向に変化する（図10-2）。他方、ドル供給（円需要）を一定として、ドル需要（円供給）のみが増加すると、円ドル為替レートは円安ドル高の方向に変化する（図10-3）。このような為替レートの変動は、為替レート以外の要因によるドルに対する需要、または供給の変化によって生じていることに注意を要する。

以上のドル需要（円供給）やドル供給（円需要）に影響を与え、均衡為替レートを変化させる要因として、日米の物価上昇率格差や金利差の変化が重要である。

たとえば、アメリカの物価を一定として日本の物価が下落すると、日本の

居住者によるアメリカの財・サービスの需要が減少する可能性がある。このとき、外国為替市場において、ドル需要（円供給）は減少するので、円ドル為替レートは円高ドル安に変化する（図10-2）。

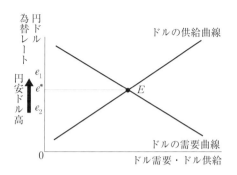

図10-1　外国為替市場におけるドルの需要と供給

　また、アメリカにおいて利子率が上昇するとき、アメリカ資産（ドル資産）の収益率が日本資産（円資産）の収益率と比較して高くなるので、投資家がアメリカ資産（ドル資産）を購入するため、ドル需要（円供給）が増加すると考えられる。このとき、外国為替市場において、ドル需要（円供給）が増加するので、円ドル為替レートは円安ドル高に変化する（図10-3）。

3　為替レートの決定仮説

　前項において、物価水準や利子率の水準の変化が、ドル需要（円供給）またはドル供給（円需要）を変化させ、為替レートを変化させることを説明し

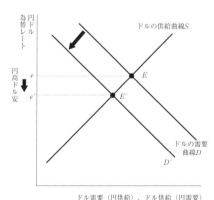

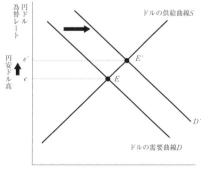

図10-2　ドル需要減少による為替レートの変化
（アメリカにおける物価上昇による為替レートの変化）

図10-3　ドル需要増加による為替レートの変化
（アメリカにおける利子率上昇による為替レートの変化）

た。これらの関係は、代表的な為替レート決定仮説としての購買力平価説と金利平価説を理解するうえで重要である。以下では、購買力平価説と金利平価説について説明しよう。

1）購買力平価説とは

購買力平価説（PPP：Purchasing Power Parity）とは、2国の通貨間の交換比率である為替レートは、両国の通貨の購買力が等しくなるように決定されるというものである。また、この仮説は、国際間で一物一価が成立するように為替レートが決まるという考えに基づいている。

たとえば、ドルと円で考えた場合、まったく同一の財（たとえばハンバーガー1個）の価格が、アメリカでは1ドル、日本だと100円であるとしよう。この財が、日米で貿易される代表的な財であると考えると、1ドルと100円の通貨価値（＝購買力）は等しいということになる。この場合、購買力平価説において決定される円ドル為替レートは、100円/ドルになる。

購買力平価説は、ハンバーガーの価格を物価ととらえて一般化したものと考えることができる。この仮説によると、為替レートは内外の物価水準の比率に等しく決まる。

$$\underbrace{P}_{\text{日本の物価}} = \underbrace{P_f}_{\text{アメリカの物価}} \times \underbrace{e}_{\text{円ドル為替レート}}$$

$$e = \frac{P}{P_f}$$

購買力平価説が成立するとき、為替レートは日米の物価水準の比に等しく決定される。この仮説において、日本、またはアメリカで物価が変化すると、円ドル為替レートはどのように変化するであろうか。

アメリカの物価水準を一定として、日本の物価が上昇すると、上式の右辺（P/P_f）の値が大きくなり、それに等しく決まる円ドル為替レートの値は、円安ドル高方向に変化する。一方、日本の物価水準を一定として、アメリカの物価が上昇すると、上式の右辺の値が小さくなり、それに等しく決まる円ドル為替レートの値は、円高ドル安方向に変化する。

これらのことから、購買力平価説が成立するとき、相対的に、物価が上昇

する国の通貨は減価し、物価が下落する国の通貨は増価することがわかる。

2）金利平価説とは

　国際間での資産・負債の取引は、その収益率の変化などに対して、瞬時に、大規模に行われる。このため、利子率（金利）は、短期の為替レートを決定する要因として重要である。金利が為替レートを決定するという考え方として、**金利平価説**がある。

　たとえば、リスク中立的な投資家が、一定資金（たとえば1億円）を、日本の資産、またはアメリカの資産で運用すると仮定して、為替レートの決定について見てみよう。ここで、リスク中立的とは、投資家が、リスクの大きさには関心を払わずに資産選択（資産をどのような構成で保有するかという問題）を行うということを意味する。そのため、投資家は、収益率に基づいて日米の資産をどのように保有するかを決定することになる。

3）金利平価説による為替レートの決定

　簡単化のため、投資家が資金を運用する期間を1期（たとえば1年間）とする。投資家が、利子率i（×100％）の日本の資産（たとえば預金）を選択した場合、投資した1億円は、1期後、$(1+i)$億円となる。一方、投資家が、利子率がi_f（×100％）のアメリカの資産（たとえば外貨預金）を選択した場合、1億円が1期後いくらになるかを考えてみよう。投資家が、投資時点で、外国為替市場で円をドルに変換する。このとき円ドル為替レートがe円/ドルであるとすると、1億円は$\frac{1}{e}$億ドルに換えることができる。投資家が、この金額をドル預金で運用すると、1期後、$\frac{1}{e}(1+i_f)$億ドルになり、これを1期後の予想為替レートe'円/ドルで円に換えると、$\frac{e'}{e}(1+i_f)$億円になると予想される。

　金利平価説では、為替レートは、投資家が一定資金を自国の日本で運用してもアメリカで運用しても、将来価値が同じになるように決定される。

$$1+i=\frac{e'}{e}(1+i_f)$$

　予想為替レートe'、日本の利子率i（×100％）、アメリカの利子率i_f（×100％）を所与として、この式を満たすように為替レートが決定される。す

なわち、金利平価説では、円の対ドル為替レートは日本とアメリカの利子率（金利）によって決定される。

金利平価説が成立するとき、日米の利子率が変化するとき、為替レートはどのように変化するであろうか。

日本の利子率を一定として、アメリカの利子率が上昇するとき、アメリカ資産で運用したときの円ベースの収益率が、日本資産で運用したときの収益率よりも高くなるため、日本資産を処分して、アメリカ資産を取得する裁定取引が生じる。これらによって生じるドルの需要変化によって円ドル為替レートは円安ドル高に変化する。

他方、アメリカの利子率を一定として、日本の利子率が上昇するとき、日本資産で運用したときの収益率が、アメリカ資産で運用したときの円ベースの収益率よりも高くなるため、アメリカ資産を処分して、日本資産を取得する裁定取引が生じる。これらによって、円ドル為替レートは円高ドル安に変化する。

4　国際マクロ・モデル

第8章で解説された*IS-LM*分析は、外国との貿易や資産・負債取引のない閉鎖経済において、財市場と金融市場を分析の対象にして、均衡国民所得と均衡利子率が決定されるモデルであった。また、*IS-LM*モデルでは、財政政策や金融政策の効果についても考察された。

本項では、外国との貿易や資産・負債の取引をモデルに導入して、開放経済における均衡と財政政策と金融政策の効果について考察する。そこで、財・サービスの輸出入、資産取引、為替レートを変数としてモデルに取り込み、国民所得、利子率、為替レート等の決定と財政政策、金融政策の効果について分析する**小国マンデル＝フレミング・モデル**について解説する。

1）小国マンデル＝フレミング・モデルとは

国際取引のない閉鎖経済モデルとしての*IS-LM*分析を、国際取引のある開放経済モデルへと拡張したモデルとして、小国マンデル＝フレミング・モデルがある。このモデルでは、*IS-LM*分析を基礎にして、国内の財・サー

ビス、資産に加え、対外的な財・サービス、資産の取引が導入されている。
このため、対外的な取引を考慮して、IS曲線、LM曲線に加えて、BP曲線（国
際収支均衡線）が導入される。さらに、便宜上、自国と外国の２国のみが存
在する経済を考え、分析対象の小国を自国、それ以外を外国とする。ただし、
自国の経済規模は、外国経済と比較して小さく、自国における経済の動きは、
外国経済に影響を与えないと仮定する。これは小国の仮定と呼ばれる。

２）小国マンデル＝フレミング・モデルにおけるIS曲線とLM曲線

　小国マンデル＝フレミング・モデルにおけるLM曲線は、閉鎖経済モデル
のものと同様と考えてよい。すなわち、LM曲線は、自国の貨幣市場が均衡
する利子率と国民所得の組み合わせの集合で、縦軸に自国の利子率rを、横
軸に自国の国民所得Yを測り図示すると、右上がりの曲線になる（図10-5）。

　一方、IS曲線には、新たに自国と外国との間で行われる財・サービスの取
引の収支である外需が導入される。小国マンデル＝フレミングにおけるIS曲
線は、自国の財市場均衡が均衡する自国の利子率rと自国の国民所得Yの組
み合わせの集合である。すなわち、財市場における総需要には、国民所得Y
に依存して決まる消費C（Y）、利子率rに依存して決まる投資I（r）、所与の
政府支出Gを合計した内需に、対外的な財・サービスの収支である外需NX
が加えられる。この点を反映して、財市場均衡を表すIS曲線は、次式のよう
に示される。

$$Y = C（Y）+I（r）+G+NX（Y, e）$$
$$e：為替レート（e円/ドル）$$

　この式において、外需NX（Y, e）は、日本から外国への財・サービスの
輸出と外国から日本への財・サービスの輸入の差で定義される。このとき、
為替レートを一定として、国民所得Yが増加すると、輸入が増加して、外需
が減少する。一方、国民所得が減少すると、輸入が減少して、外需が増加す
る。また、国民所得Yを一定として、為替レートが円安化（eの値が上昇）す
ると、輸出が増加し、輸入が減少して、外需が増加する。一方、為替レート
が円高化（eの値が低下）すると、輸出が減少し、輸入が増加して、外需が減

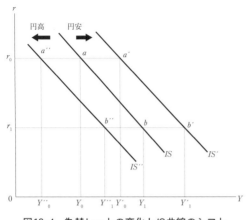

図10-4　為替レートの変化とIS曲線のシフト

少する。

IS曲線は、為替レートを一定として、縦軸に自国の利子率rを、横軸に自国の国民所得Yを測り図示すると、右下がりの曲線になる（図10-4）。

3）IS曲線のシフトとLM曲線のシフト

IS曲線は、利子率を一定として、総需要が増加すると右方にシフトし、総需要が減少すると左方にシフトする。たとえば、政府支出が増加すると、IS曲線は右方シフトする。同様に、外需の増加は、IS曲線を右方にシフトさせ、その減少はIS曲線を左方シフトさせる。これらのことと為替レートが円安化すると外需が増加することを考慮すると、円安が生じると、IS曲線は右方シフトする。一方、円高が生じると、IS曲線は左方シフトする。

LM曲線は、中央銀行がマネーサプライを増加させると右下方に、減少させると左上方にシフトする。

4）国際収支の均衡とBP曲線

国際間での財・サービス、資本の取引の合計である国際収支BPは、外需NXと資本収支KAの合計であり、BP曲線は、それがゼロとなる自国の利子率rと国民所得Yの組み合わせの集合を意味する。

$$BP = NX + KA = 0$$

国際収支を構成する外需は、IS曲線の導出の際に説明した。他方、資本収支KAは、為替レートを一定として、国内利子率rと外国利子率r^*の差に依存して決定される。ただし、ここでは小国を仮定しているので、外国利子率は所与であると考える。また、外国資産を取引する投資家は、自国資産と外国

資産の保有において、リスクには関心を払わず、両者の収益率にのみ注目すると仮定する。このような投資家は、リスク中立的なタイプである。また、自国と外国間の資本移動は、完全に自由であるとする。

　このとき、外国利子率を一定として、自国利子率が上昇すると、自国および外国の投資家が、外国資産を処分して、利子率が上がり運用上相対的に有利になった自国の資産を購入すると考えられるので、資本が外国から自国へと流入する。これによって、資本収支KAは改善する。一方、外国利子率を一定として、自国利子率が低下すると、自国および外国の投資家が、自国資産を処分して、利子率が運用上相対的に有利になった外国の資産を購入すると考えられるので、資本が自国から外国へと流出する。これによって、資本収支KAは悪化する。さらに、資本収支は、自国通貨安になると改善し、自国通貨高になると悪化する。

　国際収支を均衡させる利子率rと国民所得Yの組み合わせの集合であるBP曲線は、次式のように示すことができる。

$$BP = NX\ (Y, e)\ +KA\ (r - r_f)\ =\ 0$$

　BP曲線は、縦軸に自国の利子率r、横軸に国民所得Yを測って、国際収支が均衡する利子率と国民所得の組み合わせを図に示したものである（図10-5）。ここでは自国が小国であるから、自国利子率の水準が所与の外国利子率の水準と異なり、内外利子率格差が生じると、大量の資本の流出または流入が生じて、資本収支に大規模な黒字または赤字が発生する。このため、内外利子率に格差がある場合、国際収支は均衡しない。すなわち、国際収支が均衡するのは、外国の利子率に自国の利子率が一致する場合だけである。したがって、次式をBP曲線と考える。

$$r = r_f$$

　このため、BP曲線は、図に示すと、外国利子率で水平線として描かれる（図10-5）。

5）小国マンデル＝フレミング・モデルの均衡

これまでの説明をもとにすると、小国マンデル＝フレミング・モデルは次の連立方程式で書くことができる。

$$IS曲線：Y=C\,(Y)\,+I\,(r)\,+G+NX\,(Y,e)$$

$$LM曲線：\frac{M}{P}=L\,(Y,r)$$

$$BP曲線：r=r_f$$

小国マンデル＝フレミング・モデルにおける均衡は、上の3つの式が同時に成立する状態、すなわち、IS曲線とLM曲線とBP曲線の交点で示される。この点は、IS曲線とLM曲線の交点である国内均衡と、BP曲線上の対外的な均衡が同時に成立する点である。図10-5のE_0点が均衡点を示し、均衡国民所得がY_0、均衡利子率が$r_0(=r_f)$になる。また、明示されてはいないが、外国為替市場で為替レートも、同時に決定されている。

6）財政政策の効果

政府支出増加、または減税などの拡張的財政政策が実施される場合、IS曲線が右方へシフトする（図10-6）。このとき、IS′線とLM曲線の交点で示される国内均衡はE_1点となり、国民所得は、Y_0からY_1へと増加し、利子率がr_0からr_1へ上昇する。ただし、E_1点はBP曲線上になく、対外均衡は達成されない。

このとき、自国利子率が外国利子率を上回っているために生じる自国への資本流入により生じる資本収支の大幅な黒字により、国際収支は黒字になっていると考えることができる。

また、資本流入の過程で、外国通貨が供給され、

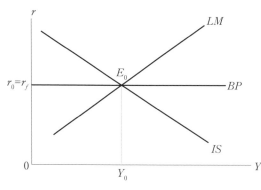

図10-5　小国マンデル＝フレミング・モデルの均衡

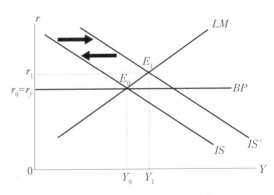

自国通貨が需要される
ために、自国通貨高と
なり、外需が悪化して
いくと考えられる。こ
の外需の減少は財市場
における総需要の減少
であるから、IS曲線を
ISからIS´へと左方向
ヘシフトさせる。この
動きは、自国利子率が

図10-6　拡張的財政政策の効果

外国利子率を上回ることによって生じるものであるから、自国利子率が外国
利子率に一致するまで続く。したがって、IS曲線は、いったんISからIS´へ
と右シフトするものの、もとのISに戻ることになる（図10-6）。

　この結果、均衡点は、拡張的財政政策を実施する前のE_0に戻り、国民所
得はY_0、利子率はr_0となる。このため、拡張的財政政策は、国民所得を増加
させることができず、無効になる。一方、為替レートは自国通貨高となり、
外需は悪化する。

7）金融緩和政策の効果

　金融緩和政策（図10-7）として、マネーサプライが増加すると、LM曲線
はLMからLM´へと右方へシフトする。このとき、ISとLM´の交点で示され
る国内均衡はE_0点からE_1点へと移動し、国民所得はY_0からY_1へと増加し、
利子率がr_0からr_1へと低下する。ただし、E_1点はBP曲線上になく対外均衡は
達成されない。このとき、自国利子率が外国利子率を下回っているために生
じる自国から外国への資本流出によって、資本収支は大幅な赤字となるため、
国際収支は赤字になる。

　また、資本流出の過程で、外国通貨が需要され、自国通貨が供給されるた
めに、自国通貨安となり、外需が改善されていくと考えられる。この外需の増
加は、財市場における総需要の増加であるから、IS曲線のISからIS´への右
方向のシフトが生じる。この動きは、自国利子率が外国利子率を下回ること

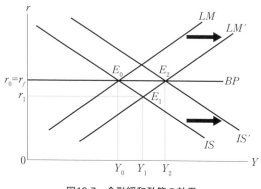

図10-7　金融緩和政策の効果

によって生じるもので
あるから、自国利子率
が上昇して、外国利子
率に一致するまで続く。
したがって、IS曲線は、
BP曲線上でLM曲線
（LM'）が交差している
E_2点を通るIS'までシ
フトすることになる。

この結果、均衡点は
E_2となり、国民所得はY_2、利子率はr_0となる。結果として、金融緩和政策は
国民所得を大幅に増加させ、有効となる。一方、為替レートは、自国通貨安
へと変化し、外需は改善する。

このように金融緩和政策の有効性は非常に高い。しかし、このように自国
通貨安を招き、外需の増加に依存した政策は、外国における需要を奪い、失
業を増加させる側面がある。この点で、失業の輸出と評価され、海外からは
近隣窮乏化政策として非難されることがある。

コラム：為替レートと貿易収支

　為替レートと貿易収支はどのような関係にあるのだろうか。一般に、円高は輸入に対して有利に働き、貿易収支を悪化（赤字方向に変化）させ、円安は輸出に対して有利に働き、貿易収支を改善（黒字方向に変化）させると理解されている。

　実際はどうであろうか。たとえば、円安が生じた際に、貿易収支が悪化することは珍しくない。円表示の貿易収支は、輸出金額から輸入金額を差し引くことで求められる。輸出金額は、輸出価格と輸出数量をかけ合わせることで、輸入金額は、輸入価格と輸入数量をかけ合わせることで求められる。

　ここで、輸出は円で、輸入はドルで行われる契約であると仮定する。すると、貿易収支は次式のように計算される。

$$貿易収支＝輸出価格(円)×輸出数量$$
$$－為替レート×輸入価格(ドル)×輸入数量$$

　この式において、輸出価格と輸入価格を一定として、為替レートが円安に変化したとしよう。このとき、国内財は外国財と比較して割安になるので、輸出数量は増加し、輸入数量が減少すると考えられるが、貿易が一定期間の契約の下に行われている場合、その数量の調整には時間を要する。一方、円表示の輸入価格（為替レート×輸入価格〔ドル〕）は上昇する。

　すると、円安が生じるとき、数量の調整が十分に行われない短期において、貿易収支が悪化することになる。その後、時間の経過とともに、次第に数量の調整が行われることにより、貿易収支は改善される。

　以上のように為替レートの変化と貿易収支の変化の関係について考察する際には、為替レート変化の輸出入価格に与える効果と数量に与える効果の両方を考える必要がある。

○引用・参考文献

石井安憲ほか『入門・国際経済学』有斐閣、1999年。

大淵三洋・芹澤高斉編著『基本経済学』八千代出版、2018年。

芹澤高斉『基本マクロ経理論』八千代出版、2018年。

高増明・野口旭『国際経済学』ナカニシヤ出版、2002年。

福岡正夫『ゼミナール経済学入門』日本経済新聞社、1986年。

二神孝一・堀敬一『マクロ経済学』有斐閣、2009年。

Krugman P., Wells, R., *Economics*, Worth Publishers., 2006.（大山道広ほか訳『クルーグマンマクロ経済学』東洋経済新報社、2013年。）

第 11 章

経済学の歴史

　科学には、自然を対象とする自然科学、社会を対象とする社会科学、人間を対象とする人文科学という分野があり、経済学は社会科学の中に含まれている。また、経済学には、経営学や社会学などの隣接科学があり、資本主義の歴史の中でそれぞれ誕生することとなった。まず、1760年代に、イギリスでは**産業革命**（自然エネルギーを使用する農業から化石燃料を使用する工業を基盤とする社会へと産業構造が発展した初期の変革）が起こり、1776年には、アメリカで独立宣言が発表され、イギリスでも経済学が体系化された。その後、産業革命は欧米諸国へと浸透し、次第に**資本主義社会**が確立していくことになった。**資本主義**とは、生産手段を私的所有する資本家が、賃金を見返りとして労働力を投入し、労働力を上回る価値を生み出すことによって、売上と費用の差額である利益を追求していくシステムのことであり、生産手段の私的所有（私有財産制）の下での自由競争による**市場経済**（市場メカニズムが価格と需要・供給を調整する経済）が特徴的である。これに対して、社会主義とは、不平等に起因する労使対立の根源が私有財産制にあると資本主義の問題を批判し、生産手段の社会的所有・管理の下での国家による計画的な生産・流通・販売によって、財・サービスの平等な分配を実現し、貧富の格差のない（独占も独裁もない）理想的な社会（共産主義）、空想的な社会（ユートピア）を目指す思想や運動のことである。モア（More, T., 1478-1535）、オーエン（Owen, R., 1771-1858）、サン゠シモン（Saint-Simon, H. d., 1760-1825）、フーリエ（Fourier, F. M. C., 1772-1837）、マルクス（Marx, K., 1818-1883）、エンゲルス（Engels, F., 1820-1895）等によって主張された考え方であり、1917年のロシア革命を経て、1922年にソビエト社会主義共和国連邦の成立によって確立した。

　たとえば、マルクス（1867）は、利子や地代の源泉となる利益は、必要労

働時間を超えて労働者を働かせて生み出した**剰余価値**（賃金を据え置いたまま超過労働を強制することによって労働力の使用価値が交換価値を上回る部分）の搾取だと批判したが、利益を生み出さなければ、企業は存続できない以前に、株主や従業員をはじめとするあらゆる**利害関係者（ステークホルダー）**に利益を還元できない。すなわち、会社は、株主だけのものではなく、従業員をはじめ、顧客や地域社会などのあらゆるステークホルダーのものだからである。また、会社は、ステークホルダーとの良好な関係を維持するだけでなく、規模も大きくしていかなければならない。資本主義の是非はともかく、会社は、世代を超えて永続的に存続していく**永続企業体（ゴーイング・コンサーン）**でなければならないからである。

　一方、資本主義社会と同義の市場社会の起源をめぐっては、商業を重視するゾンバルト（Sombart, W., 1911, 1912, 1913）と工業を重視するウェーバー（Weber, M., 1905, 1920）との論争が有名であるが、両者の論争は16世紀にまで遡ることができる。

第1節　市場社会と経済学

1　封建制度の崩壊と市場社会の誕生

　ここでは、経済学が誕生した欧州の封建制度（国王が諸侯の土地を保護する代わりに、諸侯が国王に忠誠を誓い、軍事協力を行う制度）に限定することとするが、貨幣経済の普及と財力のある農民や商人の出現によって、16世紀から17世紀にかけて、封建制度は崩壊し始め、イギリスでは、土地は私有化され、地代を対価として自由に売買される生産要素となり始めた（**市場社会**）。一方、大航海時代の地理上の発見によって、欧州各国は、貿易相手国をインド、中国、アフリカ大陸へと拡大させることとなった。特に、イギリスは、東インド会社（株式会社の起源）を通じて香辛料などを輸入する一方、毛織物などを欧州諸国に輸出して貴金属を獲得してきたが、他の欧州諸国も貴金属を確保するために輸入を制限するようになった。こうして、グレシャム（Gresham, T.,

1519-1579) を中心とした**重金主義**、マン（Mun, T., 1571-1641）、デフォー（Defoe, D., 1660-1731）、コルベール（Colbert, J-B., 1619-1683）を中心とした**重商主義**という学説（富の源泉を貴金属とする考え方）が登場することとなった。特に、マンは、東インドからの輸入によるイギリスの個別的な貿易収支（赤字）ではなく、イギリスからヨーロッパ大陸への輸入品の再輸出を含めた全体的な貿易収支（黒字）を重視した貿易差額説を唱えることによって、個別的な輸入が、全体的な赤字（貴金属の減少）をもたらすわけではないと保護貿易政策を批判することとなった。その後、コルベールによる重商主義政策を批判する立場から、ペティ（Petty, W., 1662）、カンティロン（Cantillon, R., 1755）、ケネー（Quesnay, F., 1758）を中心とした**重農主義**という学説（富の源泉を貴金属ではなく農業とする考え方）が登場することとなった。特に、ケネーは、『経済表』（原表・略表・範式）（*Tableau Économique*）において、社会を農業を基盤とした再生産過程（相互依存関係）ととらえ、経済主体を耕作労働者（生産階級）、領主（地主階級）、商工業者（不生産階級）に分類し、経済活動の相互依存関係を単純明快に図解することとなった。この図表は、マルクスの再生産表式やレオンティエフ（Leontief, W., 1941）の産業連関表にも影響を与えることとなった。

2　産業革命と経済学の誕生

　産業革命が起こった1760年代のイギリスでは、富の源泉を工業とする考え方が登場することとなった。特に、スミス（Smith, A., 1776）は、『諸国民の富』（*An Inquiry into the Nature and Causes of the Wealth of Nations*）において、富の源泉を貴金属や貨幣ではなく労働ととらえ、生産階級を耕作労働者ではなく資本家ととらえることによって、農業よりも工業を重視した経済学を体系化することとなった。また、スミスは、『経済表』において政府介入を批判したケネーの自由放任主義（レッセフェール）および『租税貢納論』（*A Treatise of Taxes & Contributions*）において富の源泉を土地や労働ととらえたペティの労働価値説を継承することとなった（古典派経済学）。すなわち、スミスによると、生産活動は資本家が賃金労働者を雇用して行われるため、商品価値は労働量によって決まることになる。また、労働価値説は、交換される労働量に

よって商品価値が決まるという**支配労働価値説**と商品の生産に投下された労働量によって商品価値が決まるという**投下労働価値説**に分類することができる。確かに、スミスによると、資本家、賃金労働者および地主によって生産された商品価値の支配労働量は、利潤、賃金および地代として分配され、利潤および地代を支払う分だけ、投下労働量を超過することになるが、支配労働量と投下労働量のどちらで商品価値を決めるのかという課題が残ることとなった。労働者は、有形の商品（財）を生産する下部構造（現場労働者を中心とした生産的な賃金労働者）と無形の商品（サービス）を提供する上部構造（医師や弁護士、宗教家や芸術家を中心とした非生産的な労働者）とに分類することができるが、スミスによると、下部構造が労働によって生産する生産物が、富の源泉として市場社会を形成することになる。また、生産性は、生産過程の分業によって飛躍的に向上し、交換は、資本家の利己心の追求によって飛躍的に促進され、需要と供給は、**見えざる手**（invisible hand）、すなわち、市場の価格メカニズム（price mechanism）によって自己調整的に均衡することになる。さらに、秩序は、ホッブス（Hobbes, T., 1588-1679）が主張する理性ではなく、ヒューム（Hume, D., 1711-1776）が主張する感情によって形成されることになる。すなわち、スミスは、『道徳感情論』（*The Theory of Moral Sentiments*）において、「共感」を実現した公平な観察者の下で交流する中で体得した3つの徳（慎慮、正義、恩恵）のうち、利己的な配慮としての慎慮が、逆説的にも、市場経済を活発化させたと説いたのである。上部構造（精神労働者）による勤勉・禁欲・節約的なプロテスタントの精神が、逆説的にも、市場経済を活発化させたと説くウェーバーとは逆の発想であるが、新古典派経済学が想定する合理的で打算的な経済人モデルよりは現実味がある。

第2節　古典派経済学、マルクス経済学および新古典派経済学

1　古典派経済学

リカード（Ricardo, D., 1817）は、『経済学および課税の原理』（*On the Principles*

of Political Economy, and Taxation）において、賃金が上昇しただけで商品価値
も増加すると考えたスミスの労働価値説を修正することとなった。すなわち、
資本を所有する資本家と労働を供給する賃金労働者に対する利潤と賃金の分
配比率に変更はあっても、商品価値は、資本の製造に費やした労働時間と製
品の製造に費やした労働時間との合計の総労働時間（投下労働量）で決まる
（投下労働量が同じであれば等価交換できる）からである（リカードが投下労働価値説
として採用、マルクスが**剰余価値説**として継承）。また、リカードは、マルサス
（Malthus, T. R.）と穀物法論争（1813-1815年）や地金論争（1797-1821年）を繰り
広げる一方、**差額地代論**（使用量に伴って土地は劣化し、収穫量も減少〔収穫逓減の
法則〕するため、賃金や地代を除いた差額地代〔利潤〕が消滅するという考え方）や**比
較優位の原理**（他国に対して絶対的に優位でなくても、自国にとって相対的に優位な財
を交換し合えば、お互いに利益を獲得できるという考え方）を提唱することによって、
古典派経済学を発展させることとなった。マルサスは、リカードと同様に、
資本主義の確立期における過渡的恐慌や貧困問題を経験することとなったが、
ゴドウィン（Godwin, W., 1793）は、『政治的正義』（*An Enquiry Concerning Political
Justice, and its Influence on General Virtue and Happiness*）において、貧富の格差の
根源は、私有財産制とその背後にある専制政治にあると指摘し、革命ではな
く理性による無政府主義への転換を主張することとなった。これに対して、
マルサス（1798）は、『人口論』（*An Essay on the Principle of Population*）において、
人口は等比級数的に倍増（例：3→6→12）しても、食糧は等差級数的にしか
増加（例：3→6→9）しないため、貧困が発生することを論証し、ゴドウィ
ンの主張を退けることとなった。**穀物法論争**については、マルサスが、『経
済学原理』（*Principles of Political Economy*）において、輸入関税引上げによる
穀物輸入の制限に賛成（**保護貿易主義**）する一方、リカードは、輸入関税引上
げによる穀物輸入の制限に反対（**自由貿易主義**）することとなった。

　リカードにとって、穀物輸入の制限（穀物法）に反対する根拠は差額地代
論（ワルラス〔Walras, M. E. L.〕が**希少性理論**として継承・批判）にあり、輸入関税
引下げは、全体的な食糧品価格や賃金の引下げ、土地使用量の減少に伴う地
代上昇の抑制をもたらすため、利潤の確保も実現できるのである。また、リ

カードにとって、穀物法に反対する今一つの根拠は価格と超過供給に対する考え方（新古典派経済学が継承）にあり、価格引下げは、過剰生産（超過供給）の調整をもたらすのである。

一方、マルサスにとって、穀物輸入の制限（穀物法）に賛成する根拠は価格と有効需要に対する考え方（ケインズ〔Keynes, J. M., 1936〕が有効需要の原理として継承）にあり、輸入関税引上げは、穀物価格の引上げによって、売上・利潤、雇用・所得および有効需要の増加をもたらすため、恐慌からの脱却も実現できるのである（ケインジアン経済学が継承）。

地金論争については、リカードもマルサスも、イングランド銀行による通貨と金・銀との兌換停止措置に反対（地金主義）することとなった。

最後に、ミル（Mill, J. S., 1848）は、『経済学原理』（*Principles of Political Economy*）において、土地の劣化と収穫量の減少（**収穫逓減の法則**）に伴う「生産量の減少」と賃金や地代の上昇（利潤の減少）に伴う「分配量の減少」とを分離し、富や人口の停止状態を展開することとなった。ミルによると、こうした状況（生産的経済的な進歩の限界）に到達したときに、道徳的・人間的な進歩の実現に到達することができるのである。

このように、ミルは、生産と分配および分配と交換を分離させることによって、古典派経済学の体系を改変させることになったが、スミスから、リカード、マルサス、ミルに至るまでの流れを古典派経済学と呼ぶことが多い。

なお、経済学は、産業革命を経て成立した古典派経済学から、近代経済学とマルクス経済学に分裂していくが、一般的には、限界革命を経て成立した新古典派経済学とケインズ革命を経て成立したケインズ経済学を近代経済学、共産主義革命を経て成立した社会主義学派経済学をマルクス経済学と呼ぶことが多い。

2　マルクス経済学

19世紀後半に、工業化に立ち遅れたドイツでは、リスト（List, F., 1789-1846）の影響を受けた独自の経済理論（歴史学派）が展開される一方、資本主義システムを抜本的に改革しようとするマルクスを中心とした社会主義学派

が登場することとなった。マルクスは、ヘーゲル（Hegel, G. W. F., 1770-1831）の弁証法、特に、ヘーゲル左派のフォイエルバッハ（Feuerbach, L. A., 1804-1872）の唯物論の影響を強く受けており、社会を弁証法的に発展させ、共産主義を目指す運動を高めていった。すなわち、マルクス（1848）は、エンゲルスとともに、『共産党宣言』（*Manifest der Kommunistischen Partei*）において、労働力を商品、利潤を剰余価値ととらえ、欧州諸国の資本家による労働者からの剰余価値の搾取に反対する共産主義革命を引き起こしたのである。マルクス（1867）は、『資本論』（*Das Kapital : Kritik der Politischen Ökonomie, Erster Band, Buch I : Der Produktionsprozess des Kapitals*）において、リカードの投下労働価値説に利潤（剰余価値）発生のメカニズムを加えることによって、投下労働価値説を継承するだけでなく補強することにもなった。そこでの剰余価値は、生産手段を私的所有する資本家にとっては過剰収入となる一方、労働力のみを所有する賃金労働者にとっては過剰支出となる。もはや、労働供給側の賃金労働者にとっては自由契約に基づく市場が成立しないことになる。また、マルクスは、特殊な機能（一般受容性）をもつ商品貨幣が物神化され、自身が生産した商品によって賃金労働者が支配されるという疎外論を展開することによって、資本主義の崩壊を予言することにもなった。確かに、貨幣には、（欲求の二重の一致が不要で）交換を円滑にする媒介物としていかなる商品とも交換できる**交換手段**、（よほどのインフレーションでもない限り）安全資産として価値を一定に維持できる**価値貯蔵手段**、（両替も可能で）交換比率を計算できる**計算単位手段**としての機能があるため、将来の不確実性に備えて、貨幣の超過需要が長期化すれば、不況は深刻化することになる。さらに、マルクスは、新技術の導入など、資本家による労働節約型のイノベーションによって、機械との競争を余儀なくされた労働者が失業者として**産業予備軍**となり、利潤の低下と恐慌の悪循環の中で、大衆が窮乏化することを危惧することにもなった。

　マルクスの考え方は、レーニン（Lenin, V. I., 1917）やカウツキー（Kautsky, K. J., 1905-1910）などの後継者を残す一方、不況や恐慌の深刻化が資本主義を崩壊させるには至らなかった。リカードの指摘についても、19世紀後半は、長

期の不況を経験することにはなったが、全体的には利潤率の低下もなく、不
況や恐慌の深刻化が資本主義を崩壊させるには至らなかった。

3　新古典派経済学（ミクロ経済学）

　1870年代には、ケンブリッジ学派を後継とするジェボンズ（Jevons, W. S.,
1871）、オーストリア学派を後継とするメンガー（Menger, C., 1871）およびロー
ザンヌ学派を後継とするワルラス（1874-1877）によって、古典派経済学に対
する革命（**限界革命**）が引き起こされることとなった。すなわち、商品価値
は、生産に投下された労働量（投下労働価値説）ではなく、商品を消費する際
の追加的な1単位の満足度（**限界効用**）によって決まるという**効用価値説**を
提唱することによって、スミス（1776）の水とダイヤモンドのパラドックス
（水はダイヤモンドより利用価値は高いが、交換価値は低いという逆説）を解決するこ
ととなった。すなわち、最後の1滴（単位）の水の利用価値は最後の1欠片
（単位）のダイヤモンドの利用価値と同様に低いが、砂漠の1杯の水の利用価
値はダイヤモンドの利用価値よりも圧倒的に高い（希少性）。さらに、最後の
1欠片（単位）のダイヤモンドの希少価値は最後の1滴（単位）の水の希少価
値よりも圧倒的に高い（希少性）。

　このように、ジェボンズ、メンガーおよびワルラスは、ほぼ同時期に、独
立して、商品価値が、生産者側の投下労働量の総額だけでなく、消費者側の
主観的効用の限界量で決まると説くことによって、価値理論と価格理論との
矛盾を解くこととなった。また、ワルラスは、商品価値が限界効用（希少性）
によって決まることを明らかにしただけでなく、一般均衡理論を展開するこ
とによって、価格が多数財複数市場の相互依存（需給）関係によって決まる
ことも明らかにした。この理論にワルラスの独自性があり、**部分均衡理論**を
展開することによって、1財1市場の相互依存関係を取り扱ったマーシャル
（Marshall, A.）と合わせて、主流派新古典派経済学（ミクロ経済学）の流れを形
成することとなった。

　一方、ワルラス（1874）の『純粋経済学要論（初版）―社会的富の理論―』
（*Éléments D'Économie Politique Pure, Ou, Théorie de La Richesse Sociale*）では、交

換手段としての貨幣の記述はあっても、流通・貨幣の前に交換、資本形成・信用創造の前に生産・企業者、生産・企業者の前に交換の理論が解説されているため、交換を円滑にして価値を一定に維持する貨幣の存在理由はない。また、ワルラスの**一般均衡理論**では、スミスが見えざる手にたとえた価格メカニズムと同様に、売り手（供給者）と買い手（需要者）の取引を仲介し取引価格を決定する架空の**競売人**（auctioneer）が市場を完全に均衡へ導き、利潤が消滅する静学的な均衡状態となるため、取引費用を負担して利潤を対価とする企業の存在理由はない。

　一方、マルクスの資本主義論では、企業家や銀行が市場を不完全にしか均衡へ導かず、利潤が発生する動学的な不均衡状態となるため、少なくとも、貨幣や企業の存在理由はある。また、マーシャル（1890）は、『経済学原理』（*Principles of Economics*）において、一時的、短期、長期、超長期といった時間の概念を取り入れることによって、時間が非常に短いため、生産量も資本量も変化しない（他の事情が等しい：ceteris paribus=other things being equal）と仮定することによって、現実の一部を考察対象とし、貨幣や企業が存在する余地のある現実的な市場分析を行った。ワルラスの市場観は、価格変化に対する需要の反応度が大きい（弾力的な）完全情報の下、競売人が売り手（供給者）と買い手（需要者）を無償で均衡価格の取引へ導く高度に組織化された同質的な市場である。すなわち、ワルラスの市場観は、需給の不均衡が価格によって調整（**ワルラス的調整過程**）される自己調整的な市場である。一方、マーシャルの市場観は、価格変化に対する需要の反応度が小さい（非弾力的な）不完全情報の下、売り手（供給者）と買い手（需要者）との間を仲介する中間商人が対価を求めて取引費用を負担し、利潤を獲得する不規則で不完全にしか組織化されていない異質的な市場である。すなわち、マーシャルの市場観は、需給の不均衡が生産数量によって調整（**マーシャル的調整過程**）される自己調整的ではない市場である。マーシャルは、『経済学原理』において、個別企業や代表的企業、『産業と商業』（*Industry and Trade : A Study of Industrial Technique and Business Organization; and of Their Influences on the Conditions of Various Classes and Nations*, 1919）において、中間商人という企業概念、また、

『貨幣信用貿易』(*Money, Credit, and Commerce*, 1923) において、貨幣の機能など、現実的な概念を解説しているが、当時は、所有と経営の分離は進んでおらず、貨幣や企業の存在理由はあるが、企業については、中小企業を想定するものであった。一方、マーシャルは、『貨幣信用貿易』において、貨幣量の変化が物価水準にしか影響しない (貨幣数量説) としつつも、フィッシャー (Fisher, I., 1911) の**交換方程式**$MV = PT$ (Mは貨幣数量、Vは流通速度、Pは物価水準、Tは取引量) のTをy (実質所得)、Vをk (流通速度の逆数) に置き換え、**現金残高方程式**$M = kPy$とすることで、Pyは名目所得、kは所得に依存する貨幣の取引需要の比率 (マーシャルのk=ウィクセル〔Wicksell, J. G. K., 1898〕の**平均休息時間**) として、**貨幣的経済理論** (貨幣量の変化が実体経済に影響を及ぼすという考え方) との一貫性を堅持することとなった。すなわち、貨幣の取引需要は所得に依存するため、財に対する需要の制約も価格ではなく、所得ということになる。そのため、マーシャルの現金残高方程式によると、労働市場の超過供給 (**非自発的失業**) が、財市場の超過需要によって相殺される (物価水準の低下に伴う実質残高の増加が、財需要を刺激する**実質残高効果=ピグー効果**) 自己調整的な経済にはならないのである。

　そのため、マーシャルの現金残高方程式は、ウィクセルの**不均衡累積過程**やケインズの有効需要の原理の流れ (貨幣的経済理論) に即しており、通常の均衡理論とは一線を画している。

第3節　ケインズ経済学とケインジアン経済学

1　ケインズ経済学 (マクロ経済学)

　産業革命が欧米諸国へと波及するにつれて、企業規模は徐々に拡大し、量的な問題と質的な問題が生じることとなった。すなわち、いくら裕福な創業者一族でも調達しきれないほどの巨額で長期的な資金が必要となる一方、いくら有能な創業者一族でも対応できないほどの複雑で高度な経営能力が必要となってきたのである。量的な問題については、巨額の資金を株式に分割

（証券化）し、世界中の株主から出資金を募ることによって、質的な問題については、高度な経営能力を備えた専門経営者が経営を担当することによって、対応することとなった。

　一方、株式の分散によって、株主の持株比率（出資比率）が薄められ、次第に大株主が消滅していく中、所有者（出資者）ではない**専門経営者**が経営を行うようになった（**所有と経営の分離**）。また、企業規模の拡大に伴う株式の分散によって、持株比率が薄められた小株主の支配力は弱められ、所有と経営の分離は**所有と支配の分離**へと発展するようになった。こうした現象は、バーリ＝ミーンズ（Berle, A. A. and Means, G. C., 1932）によって、アメリカ企業200社を対象に実証分析されることとなった。

　企業規模が拡大して所有と経営の分離が進んだ1920年代のアメリカでは、投機目的の資金が大量に流入する一方、アニマル・スピリッツ（リスクを冒そうとする群集心理）が高まり、1929年には、バブル（株価や地価などの実体のない資産価格）が頂点に達することになった。一方、連邦準備制度（FRB）やイングランド銀行による金利引上げによって、資金はイギリスへと流出し、ニューヨーク株式市場の大暴落をきっかけとして、最終的（1933年）には約1300万人（アメリカの労働人口の約25％）もの労働者が失業する大恐慌に陥ることとなった。こうした状況に対して、ケインズは、消費や投資（総需要）が不足したままでは、賃金が切り下げられても、所得の減退（労働の超過供給）による財需要の減退（貨幣の超過需要）によって、失業が解消されることはないため、政府は市場に積極的に介入し、乗数効果（有効需要の増加を上回る国民所得の増加をもたらす効果）をもたらす財政・金融政策を実施し、有効需要を創出していかなければならないと考えるようになった。そのため、ケインズ（1936）は、『雇用・利子および貨幣の一般理論』（『一般理論』〔*The General Theory of Employment, Interest and Money*〕）において、**古典派の第二公準（労働供給理論）**を否定するとともに、供給が需要を決定するというセイの法則を覆す一方、需要が供給を決定するという**有効需要の原理**を提唱することとなった。すなわち、ケインズは、短期モデル（売れ残りや品不足があっても価格が調整されない期間）を想定しており、財市場で売れ残りがあっても（財の超過

供給）、企業は、価格を下げずに、売れる分だけ（少ない需要に合わせて）供給
量を減らして財市場を均衡させようとするため、生産量を減らす分、労働市
場で雇用する労働者を減らさなければならなくなる（労働の超過供給）。その
ため、失業によって所得が減った労働市場の労働者は、財市場の消費者とし
て十分な買い物ができず（財の超過供給）、労働の超過供給との悪循環に陥る
のである。

　『一般理論』における今一つの大きな柱としては、**流動性選好説**がある。
この考え方によると、利子率は、貸出金利ではなく、預金金利となる。その
ため、利子率は、フローとしての貸付資金供給（貯蓄）と貸付資金需要（投
資）ではなく、ストックとしての貨幣需要と貨幣供給によって決定され、『貨
幣論』(*A Treatise on Money*, 1930) とは異なり、貯蓄・投資は一定となる。す
なわち、利子率と貯蓄・投資の関係ではなく、利子率と貨幣需要・貨幣供給
の関係となるため、貨幣的な要因が実体経済に影響するという貨幣的経済理
論からは逸脱することになる。一方、投資については、資本の限界効率（投
資の追加的な収益率）が利子率（貸出金利）を上回る限り（に等しくなるまで）続け
られることになるため、投資関数は、利子率が低下すればするほど投資量が
増加することになる。

　このように、ケインズは、古典派の教義であるセイの法則を根底から覆し、
需要面からの分析によって市場体系の不安定性を指摘し、自己調整的なミク
ロ経済学とは異なるマクロ経済学を構築することとなった。一方、有効需要
理論はマクロ経済学であるため、ケインズは、市場における家計や企業と
いった各経済主体の行動や価格メカニズムとの関連でそれを論じたわけでは
なかった。また、交換・取引は、各経済主体の間で行われるため、交換手段
としての役割を果たす貨幣、あるいは、取引費用を負担して利潤を生み出す
企業の説明は、マクロ経済学ではなくミクロ経済学でなければならない。

2　新古典派総合経済学

　ケインズの理論には、ポストケインジアン、ニューケインジアンなどの後
継学派があるが、ヒックス (Hicks, J. R.)、サミュエルソン (Samuelson, P. A.)、

トービン（Tobin, J.）、モディリアーニ（Modigliani, F.）、パティンキン（Patinkin, D.）、ソロー（Solow, R. M.）を中心とした新古典派総合と呼ばれる後継学派が口火を切って、ケインズマクロ経済学と新古典派ミクロ経済学との統合を試みることとなった。すなわち、完全雇用達成前はケインズマクロ経済学、完全雇用達成後は新古典派ミクロ経済学として、両者を統合しようとしたのである。

　しかしながら、新古典派総合は、ニューケインジアンと同様に、失業の原因を賃金価格の硬直性に求めて、財政・金融政策の必要性を説いている。

　そのため、短期モデルを前提とした有効需要の原理によって、財政・金融政策を実施（有効需要を創出）しなければ完全雇用が達成（失業が解消）されないと説くケインズマクロ経済学は、長期モデルを前提としたセイの法則によって、財政・金融政策を実施（有効需要を創出）しなくても完全雇用が達成（失業が解消）されると説く新古典派ミクロ経済学とは統合できないのである。そもそも、新古典派ミクロ経済学とケインズマクロ経済学とでは、貨幣観も自己調整能力も異なるため、新古典派ミクロ経済学では、ケインズマクロ経済学の一貫した**ミクロ的基礎づけ**とはならないのである。そこで、ポストケインジアンのクラウアー（Clower, R. W., 1965, 1967）は、**二重決定仮説**や**二分化された予算制約**などのフレームワークを提示することによって、価格が伸縮的でも（低下しても）不均衡（超過供給）になることを論証し、ワルラスの一般均衡理論を修正することとなった。すなわち、クラウアーは、家計の財需要に対する制約を価格ではなく、実現された労働供給（所得）とすることによって、労働市場の超過供給から財市場の超過供給（有効需要の失敗）を導き、ケインズマクロ経済学（特に**消費関数**）のミクロ的基礎づけを家計部門から行ったのである。その後のクラウアーは、フローとしての所得制約にストックとしての貨幣残高制約を加えることによって、二重決定仮説を二分化された予算制約に修正することとなるが、依然として、家計部門の労働供給（所得）制約に固執したまま、企業部門の財供給（売上）制約の考慮（総需要曲線の導出）には至っていない。そこで、パティンキン（1956, 1965）は、企業部門の労働需要に対する制約を賃金ではなく、実現された財供給（売上）とする

ことによって、財市場の超過供給から労働市場の超過供給（非自発的失業）を
導き、ケインズマクロ経済学のミクロ的基礎づけを企業部門から行ったので
ある。

　一方、財需要が減退して、労働需要が減退しても、価格の低下による「実
質残高効果」によって、実質所得が増加するため、財需要が回復して、労働
需要も回復することになる。そのため、パティンキンは、二分化された貨幣
理論と価値理論（**古典派の二分法**）を統合することにはなったが、依然として、
一般均衡理論と同様の自己調整的な経済とは決別できないのである。

3　ポストケインジアン経済学

　クラウアー＝ホーウィット（Howitt, P. W., 1996）（"Taking Markets Seriously :
Groundwork for a Post Walrasian Macroeconomics," p.22.）は、現在コンセンサスと
なっている貨幣理論の基礎として、新古典派総合のパティンキンの**マネー・
イン・ザ・ユーティリティー**（money in the utility）、ニューケインジアンのルー
カス（Lucas, R. E., Jr., 1980）（"Equilibrium in a Pure Currency Economy," pp.203-220.）
の**キャッシュ・イン・アドバンス**（cash-in-advance）といった何らかの取引
費用を理由に貨幣保有動機を説明するモデルを事例にあげ、貨幣理論の抜本
的な修正を試みることとなった。

　まず、マネー・イン・ザ・ユーティリティーについて、パティンキン（『貨
幣・利子および価格』〔*Money, Interest, and Prices*〕p.73.）は、何らかの取引費用（仲
買手数料や利益の一部の没収などの間接費用）を理由に貨幣保有動機を説明してい
るが、貨幣を他の財と同じ変数として効用関数に導入している（貨幣と他の財
が区別されていない）ため、貨幣の果たす機能や役割が明確でない（貨幣の存在
理由なし）。すなわち、現実的な貨幣経済においては、あらゆる取引に（契約
先を探索する）探索費用、（契約条件を交渉する）交渉費用、（契約先を監視する）監
視費用などの**取引費用**（貨幣）を必要とするためである。また、貨幣保有動
機は、取引費用などの貨幣的な要因だけでなく、需要不足による所得減退や
拡張期における貸付資金需要などの実体経済的な要因によっても、貨幣は超
過需要になる。

次に、クラウアー（1967）（"A Reconsideration of the Microfoundations of Monetary Theory," p.3.）の二分化された予算制約の影響を受けたルーカスのキャッシュ・イン・アドバンスについて、交換の媒介として信用貨幣を想定していないため、ルーカスのモデルでは、消費者としての家計は消費する（有効需要を働かせる）ために前もって現金（貨幣）を保有しておく必要がある。

確かに、財の需要には貨幣が必要であるが、クラウアーは、二分化された予算制約を純粋に現金が使用される経済だけに適用している。それにもかかわらず、ルーカスは、現金を使用しない経済にもこの現金制約があてはまるとみなしている。一方、現実の取引は、現金よりも信用貨幣で行う方が一般的である。また、ルーカスのモデルでは、家計や企業が支払手段としての貨幣を保有する理由、貨幣の対象物、取引のタイミングについての説明もない。

最後に、ニューケインジアンの清滝＝ライト（Kiyotaki, N. and Wright, R., 1989, 1991）（"On Money as a Medium of Exchange," pp.925-927., "A Contribution to the Pure Theory of Money," pp.215-235.）、アイヤガリ＝ウォーレス（Aiyagari, S. R. and Wallace, N., 1991）（"Existence of Steady States with Positive Consumption in the Kiyotaki-Wright Model," pp.901-916.）、清滝＝ムーア（Kiyotaki, N. and Moore, J., 2005）（"2002 Lawrence R. Klein Lecture Liquidity and Asset Prices," pp.317-349.）およびライト（Wright, R., 2005）（"Introduction to 'Models of Monetary Economies II : The Next Generation'," pp.305-316.）等によって展開されている**サーチモデル**では、確かに、費用をかけずに取引を促進する競売人を取り除き、取引には費用がかかると仮定しているが、このモデルは、市場から一切の便益を受けずに自助努力のみの活動を想定している（市場の存在理由なし）。また、サーチモデルは、一般均衡理論と同様に、取引が、取引費用を負担して利潤を獲得する企業によって組織化された活動であることを認識していない（企業の存在理由なし）。クラウアー＝ホーウィット（op. cit., pp.28-29.）によると、このモデルは、競売人を排除することによって、取引に費用はかかるが、市場から一切の便益を受けずに市場当事者自身で情報を探索し、ランダムな1対1のマッチングによって取引が行われるというモデルである（企業や市場の存在理由なし）。

　このように、マネー・イン・ザ・ユーティリティー、キャッシュ・イン・アドバンス、サーチモデルに基づく貨幣理論では、貨幣や企業の存在理由どころか企業と市場の関係もなくなってしまうのである。

　そのため、クラウアー＝ホーウィットは、貨幣理論の修正に引き続き、単純な生産関数、費用関数および利潤最大化からなる主流派の企業理論を事例にあげ、企業理論の抜本的な修正を試みることとなった。すなわち、クラウアー＝ホーウィットは、費用面から企業の存在理由を問い直した新制度学派に対して、利潤面から企業の存在理由を問い直すことによって、企業の側面からマクロ経済学のミクロ的基礎づけを行ったのである。一方、クラウアー＝ホーウィットの想定する企業は、マーシャルと同様に、中小企業のみである。また、資金調達についても、カレツキ（Kalecki, M., 1939, 1943, 1954, 1971）の**マークアップ価格理論**（価格設定＝可変費用＋粗利潤）を踏襲しつつも、価格設定は市場を創出する対価（利潤の獲得）を目的としており、価格は費用ではなく需要によって決定されることになる。さらに、貯蓄主体は、主として家計部門であり、企業による投資のための**内部資金調達**は想定されていない。

第4節　経営学との関係

1　アイクナーと資金調達

　これに対して、ポストケインジアンのアイクナー（Eichner, A. S., 1976）（『巨大企業と寡占—マクロ動学のミクロ的基礎—』〔*The Megacorp and Oligopoly : Micro Foundations of Macro Dynamics*〕）は、需要で決まる価格と費用で決まる価格とを区別したカレツキのマークアップ価格理論を踏襲することによって、企業は、投資資金を賄うために内部資金調達も行うことを指摘した。アイクナーによると、価格支配力のある寡占的巨大企業は、貯蓄者として、短期的利潤ではなく、長期的成長率を最大化するために必要な投資資金（**企業賦課金**）を獲得するために、諸価格を設定し、内部資金の供給（**内部留保**）を通じて、内部資金の需要（内部資金調達）を行うのである。すなわち、巨大企業は、価

格設定者（プライス・メイカー）として、キャッシュフロー（内部留保と減価償却費）、研究開発費、広告宣伝費、その他の費用から構成される企業賦課金だけでなく、可変費用、固定費用など、いかなる費用にも対応できるように、価格を設定することができるのである。

一方、資本（新株発行）や負債（融資）を増やす外部資金調達の際には、債権者や株主に支払う利子や配当といった**外部資金調達コスト**が発生するが、内部資金調達の際には、利益の一部を内部留保する際の代替効果、参入要因、政府介入といった**内部資金調達コスト**が発生する。そのため、巨大企業は、内部資金調達コストと外部資金調達コストのバランスを考慮しながら、価格設定を行わなければならない。

一方、アイクナーは、価格設定を通じた巨大企業の投資行動が、マクロ経済学とミクロ経済学をつなげる重要な役割を果たすことを明らかにした。すなわち、巨大企業の投資行動が、総需要に影響を及ぼしながら、国民所得水準を決定する一方、巨大企業が支配的な産業全体の価格水準を決定すると説くことによって、ケインズマクロ経済学のミクロ的基礎づけを企業部門から総合的に行ったのである。

2　ボウモルとイノベーション

確かに、アイクナーは、企業が投資資金を賄うために資金調達を行うことを指摘したが、企業がイノベーションを引き起こすことが想定されていない。

イノベーションとは、シュンペーター（Schumpeter, J. A., 1912）によると、モノや力の結合の変更（新結合）であり（定義づけ）、**新結合**の遂行は、連続的な変化ではなく、断絶的な変化である。シュンペーターは、新結合の遂行者としての企業家と生産手段の所有者としての資本家とを区別し、企業家は、資金の提供者としての銀行家を仲介役として、資金調達を行い、イノベーションを引き起こすと指摘している（イノベーションは、単なる発明でなく、新しい市場を形成するなど、発明がある程度普及しなければならない。また、シュンペーターが分類するように、新結合は、①新しい製品の開発だけでなく、②新しい生産方法の導入、③新しい販売市場の開拓、④新しい原材料供給源の獲得、⑤新しい組織の実現なども含ま

れる）。

　シュンペーターの後継者であるボウモル（Baumol, W. J., 2002）（『自由市場とイノ
ベーション―資本主義の成長と奇跡―』〔*The Free-Market Innovation Machine : Analyzing
the Growth Miracle of Capitalism*〕）は、企業が投資資金を賄うために資金調達を
行うだけでなく、イノベーション費用を賄うためにも資金調達を行うことを
指摘している。すなわち、ボウモルは、主流派経済学の企業理論に革新的な
企業家精神や経営者を明示的に取り入れた新しいミクロ経済学を構築し、経
済学から経営学へと議論を展開している。

　一方、ボウモルによると、資金調達はポートフォリオの一手段であり、企
業は、イノベーション費用の大部分を占める過去の埋没支出としての**サンク
コスト**（イノベーションのための資金調達費用や投資費用や研究開発費用など）を回収
するために、差別的な価格設定を行うが、企業は、プライス・メイカーでは
なく、市場の圧力によって割り当てられた（強いられた）差別的な（独占的な）
価格を採用する価格支配力のない価格受容者（プライス・テイカー）である。
また、イノベーションを遂行する主体は、革新的な大企業である。確かに、
マルキール（Malkiel, B. G., 2007）が指摘するように、イノベーションは、大企
業によってのみ遂行されるわけではないが、ボウモルは、シュンペーターの
イノベーション理論をケインズマクロ経済学のミクロ的基礎づけの一環とし
て継承することとなった。

3　ティースと競争戦略

　一方、ティース等（Teece, D. J., 1997）（"Dynamic Capabilities and Strategic
Management"）は、シュンペーターのイノベーション理論を動学的な競争戦
略論の一環として継承することとなった。すなわち、ティースは、急速に変
化する環境の下では、事業機会・脅威の感知（sensing）、感知した事業機会・
脅威をとらえる捕捉（seizing）および組織内外の資源の体系的な再配置（組み
換え直し：transforming reconfiguring）の側面で、十分なケイパビリティを発揮
する経営者の役割として、**ダイナミック・ケイパビリティ**（企業の変革能力）
という概念を展開している。ここで、ケイパビリティとは、企業内部の経営

資源を組み合わせたり、活用したりすることを可能にする能力のことである。

　自動車業界を事例とすると、ダイナミック・ケイパビリティは、新規電気自動車の開発や新規事業の開拓であり、それに対する**オーディナリー・ケイパビリティ**（企業の通常能力）は、既存エンジン車の性能向上や既存事業の改善であり、両者の積み重ねが重要となる。また、オライリー＝タッシュマン (O'Reilly, C. A. III, and Tushman, M. L., 2016)（『両利きの経営—「二兎を追う」戦略が未来を切り拓く—』〔*Lead and Disrupt : How to Solve the Innovator's Dilemma*〕）が提唱した両利きの経営にも、**知の深化**（既存事業の深掘）と**知の探索**（新規事業の探索）という概念があり、両者のバランスが重要となる。

　ティースは、競争戦略論に経営者の役割（企業家精神）を明示的に取り入れ、独立性の高い社外取締役を増やすことによって、経営者による裁量権の乱用（財務上の不正行為）を防止することよりも、企業内部を熟知した社内取締役を増やすことによって、経営者による怠業（**戦略上の不正行為**）を防止することが重要だと主張している。さらに、ティースは、企業家的側面を重視する戦略重視のコーポレート・ガバナンスがイノベーションに影響を及ぼす可能性も示唆している。

　このように、イノベーション、競争戦略およびコーポレート・ガバナンスは、ティースのダイナミック・ケイパビリティの主軸となるだけでなく、経済学と経営学の要となり得るのである。

コラム：資本主義は社会科学の要

　学問（科学）には、自然を分析対象とする自然科学、社会を分析対象とする社会科学、人間を分析対象とする人文科学がある。その中でも、社会科学における経済学、社会学、経営学に焦点を当てると、分析対象の広さでは、社会学が最も広く、この世の中すべてが社会であるため、何でもありとなってしまいそうであるが、この社会を制度で分けると、資本主義社会と社会主義社会に分けることができる。

　経済学は、産業革命後の資本主義成立期のイギリスで誕生（1776年）し、社会学は、フランス革命や市民革命後の封建制度が崩壊していく混乱期のフランスで誕生（1838年）したが、経営学は、産業革命が欧米諸国に波及するにつれて、企業の規模が大きくなり、量的な変化（長期的かつ巨額の資金量の必要性）と質的な変化（複雑かつ高度な経営能力の必要性）に対応すべく所有と経営が分離する過程のアメリカで誕生（1911年）することとなった。

　利益の追求は、企業の第一義的な責任であるが、経済学者のマルクスやシュンペーター、社会学者のデュルケム（Durkheim, É., 1897）やウェーバー、金融経済学者のジェンセン（Jensen, M. C., 2005）等が間接的、直接的に予言、指摘したとおり、資本主義の行き過ぎは、貧富の格差と教育の格差との悪循環、孤独やストレスの社会と自殺の問題との悪循環、短期利益の追求と企業の不祥事との悪循環といった様々な弊害をもたらしている。

　こう考えると、資本主義社会を要として、経済学、社会学、経営学をつなげて理解することができるのではないか。

○引用・参考文献

井原久光『テキスト経営学（第3版）―基礎から最新の理論まで―』ミネルヴァ書房、2008年。

高橋泰蔵『貨幣的経済理論の新展開』勁草書房、1948年。

中山靖夫『貨幣経済の分析』東洋経済新報社、1992年。

根岸隆『ワルラス経済学入門―「純粋経済学要論」を読む―』岩波セミナーブックス15、1985年。

松原隆一郎『経済思想入門』ちくま学芸文庫、2016年。

Hicks, J. R., *The Crisis in the Keynesian Economics*, Basil Blackwell, Oxford, 1974.（早坂忠訳『ケインズ経済学の危機』ダイヤモンド現代選書、1977年。）

Marshall, A., *Principles of Economics*, Macmillan, 1890.（永沢越郎訳『経済学原理：序説』岩波ブックセンター信山社、1985年。）

Smith, A., *An Inquiry into the Nature and Causes of the Wealth of Nations*, 1776.（山岡洋一訳『国富論―国の豊かさの本質と原因についての研究―』日本経済新聞出版社、2007年。）

Teece, D. J, *Dynamic Capabilities & Strategic Management : Organizing for Innovation and Growth*, Oxford University Press, 2009.（谷口和弘ほか訳『ダイナミック・ケイパビリティ戦略―イノベーションを創発し、成長を加速させる力―』ダイヤモンド社、2013年。）

Walras, M. E. L., *Éléments D'Économie Politique Pure, Ou, Théorie de La Richesse Sociale*, Paris et Lausanne, 1874-1877.（久武雅夫訳『純粋経済学要論―社会的富の理論―』岩波書店、1983年。）

索　引

サ　行

ナ　行

ハ　行

210

執筆者紹介

大淵　三洋（おおふち　みつひろ）　　第 1 章、第 6 章
最終学歴：日本大学大学院経済学研究科博士後期課程単位取得満期退学
現　　職：日本大学国際関係学部特任教授　博士（国際関係）
主要著作：『基本経済学』（編著）八千代出版、2018年
　　　　　『イギリス正統派の財政経済思想と受容過程』学文社、2008年
　　　　　『イギリス正統派経済学の系譜と財政論』学文社、2005年
　　　　　『改訂版　租税の基本原理とアメリカ租税論の展開』（共著）評論
　　　　　社、2001年
　　　　　『古典派経済学の自由観と財政思想の展開』評論社、1996年

芹澤　高斉（せりざわ　たかなり）　　第 9 章、第10章
最終学歴：中央大学大学院経済学研究科博士後期課程単位取得満期退学
現　　職：淑徳大学コミュニティ政策学部教授　修士（経済学）
主要著作：「全体ルーブリック　淑徳大学におけるルーブリックの取組」『淑
　　　　　徳大学看護栄養学部紀要』第 8 号、2016年
　　　　　『増訂　経済学の基本原理と諸問題』（共著）八千代出版、2013年
　　　　　「我が国の漁業管理制度の課題と地域の漁業」（共著）『三重中京
　　　　　大学地域社会研究所所報』第25号、2013年
　　　　　「漁業管理の制度的側面に関する一考察」（共著）『三重中京大学
　　　　　地域社会研究所所報』第23号、2011年
　　　　　「宝塚古墳をめぐる政策研究」（共著）『松阪大学地域社会研究所
　　　　　所報』第16号、2004年

伊藤　潤平（いとう　じゅんぺい）　　第 2 章
最終学歴：中央大学大学院経済学研究科博士後期課程修了
現　　職：淑徳大学コミュニティ政策学部助教　博士（経済学）
主要著作："Corporate Income Tax System as Location Factors : Case of Japan,"
　　　　　In : Ishikawa, T.（Ed.）*Locational Analysis of Firms' Activities from a*
　　　　　Strategic Perspective, Springer, 2018.
　　　　　"The Impact of Transfer Pricing Regulations on the Location
　　　　　Decisions of MNEs,"（with Y. Komoriya）In : Ishikawa, T.（Ed.）
　　　　　Firms' Location Selections and Regional Policy in the Global Economy,
　　　　　Springer, 2015.

小林　和馬（こばやし　かずま）　第3章
最終学歴：中央大学大学院経済学研究科博士後期課程修了
現　　職：中央学院大学商学部専任講師　博士（経済学）
主要著作：「VARモデルを用いた移動体通信市場契約数の変化にみる主要事業者間の影響分析」『中央大学経済研究所年報』第49号、2017年

"Empirical Consideration on Effects of Bit/Data Cap in Telecommunications Operators," *International Journal of Economic Policies*, Vol.7, 2013.

山根　啓太（やまね　けいた）　第4章
最終学歴：神戸大学大学院経済学研究科博士後期課程修了
現　　職：中央学院大学商学部専任講師　博士（経済学）
主要著作："Market Structure, Competition, and Optimal Privatization : A Linear Supply Function Approach," *Journal of Industry, Competition and Trade*, Vol.20, 2020.

"Mixed Duopoly and the Indirect Effect in Linear Supply Function Competition," *Economia e Politica Industriale*, Vol.45, 2018.

川戸　秀昭（かわと　ひであき）　第5章、第7章
最終学歴：日本大学大学院国際関係研究科博士後期課程修了
現　　職：日本大学短期大学部ビジネス教養学科准教授　博士（国際関係）
主要著作：『国際政治経済学新論─新しい国際関係の理論と実践─』（共編）時潮社、2013年

Theoretical Background of Asian Regionalization : From Environmental, Financial and Economical Facets, 時潮社、2007年

小田　正規（おだ　まさき）　第8章
最終学歴：法政大学大学院政策創造研究科博士後期課程満期退学
現　　職：日本大学国際関係学部准教授　修士（経済学）
主要著作：「経済安全保障の将来的視点─貿易ルールとサプライチェーンから見た政治経済的考察─」『貿易と関税』第70巻第10号、2022年

『WTO入門』（共著）日本評論社、2004年

日隈　信夫（ひぐま　しのぶ）　第11章
最終学歴：早稲田大学大学院社会科学研究科博士後期課程満期退学
現　　職：中央学院大学商学部准教授　修士（経済学）
主要著作：「本田技研工業とソニーグループの経営戦略とコーポレート・ガバナンス─短期的管理（戦略上の不正行為）とコーポレート・ガバナンス─」『中央学院大学商経論叢』第37巻第2号、2023年

『現代経営管理要論（改訂版）』（共著）創成社、2022年

概説経済学

2023年5月15日　第1版第1刷発行

編著者 ── 大 淵 三 洋・芹 澤 高 斉
発行者 ── 森口恵美子
印刷所 ── 三 光 デ ジ プ ロ
製本所 ── グ リ ー ン
発行所 ── 八千代出版株式会社
　　　　　〒101-0061　東京都千代田区神田三崎町 2-2-13
　　　　　TEL　03 - 3262 - 0420
　　　　　FAX　03 - 3237 - 0723
　　　　　振替　00190 - 4 - 168060
　　　　　＊定価はカバーに表示してあります。
　　　　　＊落丁・乱丁本はお取替えいたします。